Starting Germa

Reisebüro Atlas

Starting German

Reisebüro Atlas

BOOK 2

Programmes 11 to 20

A BBC radio course for beginners
written by
R. M. Oldnall, Senior Lecturer in German at
Lanchester Polytechnic, Coventry
and
Edith R. Baer

Language consultant:
Wulf Künne, Wissenschaftlicher Assistent an
der Pädagogischen Hochschule Rheinland

British Broadcasting Corporation

Contents

A series of 30 BBC radio programmes for beginners.
(First broadcast October 1968—June 1969)

Acknowledgment is due to the following for permission to reproduce illustrations:

Bundesbildstelle, Bonn: Kurfürstendamm, Berlin, page 8, Berlin by night, page 9, flower shop, page 13, inside a Konditorei, page 33, motorway, page 36; Bundesministerium für das Post- und Fernmeldewesen; switchboard operator, page 16, telephone kiosk, page 17, post office, page 21, postman, page 29; Camera Press: Düsseldorf café, page 25; Claus Wolde Pressefotos: shoe shop, page 24, outside a Konditorei, page 33; Firma Hans Andres, Hamburg-Berlin: port of Hamburg, page 44; Fremdenverkehrs- und Kongress-Zentrale Hamburg Ev.; Michaeliskirche, Hamburg, page 41, Reeperbahn, Hamburg, page 45; German Embassy; emergency telephone, page 37; Stanley Gibbons: stamps, page 20.

The photographs on pages 13 (punch ingredients), 20 and 29 (signs) were taken by Photo Studios.

Introduction

This is a course for beginners who want to learn simple colloquial German, especially those who intend to visit a German-speaking country for business or pleasure.

The lessons are carefully graded to build up vocabulary and usage step by step. Language learning is not confined to listening; you will be encouraged to take an active part in the lessons so that you will be able to speak the language, as well as to understand it from the very beginning.

The 30 programmes form a loosely woven story about life in a typical German town. Each broadcast centres round one episode. You hear it first in sections until you have practised and assimilated the new material, then you hear it once or twice more in full until you can follow it at normal pace.

This booklet forms an essential part of the course and provides all the necessary material for home study. To derive the maximum benefit from the broadcasts, prepare each lesson thoroughly by reading the text of the 'scene', learning the new words and phrases and studying the notes. Exercises and puzzles should be left until after the broadcast and checked with the key at the back. Two 12" LP mono records containing the text of the scenes are available (see back cover). These are intended to help you acquire a good accent and to increase your understanding of everyday German.

The German spoken in these broadcasts in *Hochdeutsch*, i.e. standard German. You may notice the slight variations in pronunciation which are common in everyday speech. Regional accents, although they are considered acceptable in German-speaking countries, are not included in the course.

Special classes in conjunction with this series are being organised by many evening institutes. For details enquire at your local institute. A teacher's kit consisting of notes, practice tapes and colour slides is available for use in class and language laboratories. This can be obtained as a complete kit or as separate items (for further information write to BBC Publications, 35 Marylebone High Street, London WIM 4AA).

Signs and abbreviations

An arrow ⟶ This indicates a change of form:

der/die/das ⟶ *die* (i.e. *der, die, das* change to *die* in the plural)

der ⟶ *den* (i.e. *der* changes to *den* when used with *haben, kaufen, sehen, suchen,* etc.)

A dot under the vowel This shows that the vowel is stressed. Where there is no dot, the first syllable bears the stress:

die Reise (stress on 1st syllable) *verreisen* (stress on 2nd syllable)

A down stroke This is used to show that the two parts of the verb separate:

zurück|kommen: ich komme zurück

Vowel change of verbs This is indicated in brackets after the verb:

fahren (*fährt*) (i.e. ***ich fahre, er, sie, es fährt, wir fahren,*** etc.)

The past form of verbs The form used with *habe -hat -haben* to refer to the past is indicated in brackets:

sagen (*gesagt*):	*ich habe gesagt,* etc.
schreiben (*geschrieben*):	*ich habe geschrieben,* etc.
bestellen (*bestellt*):	*ich habe bestellt,* etc.

Plural of nouns The plural ending is indicated in brackets:

der Mann (¨*er*)	plural: *die Männer*
die Frau (*-en*)	*die Frauen*
das Fräulein (-)	*die Fräulein*

Where a plural is rarely used, it has been omitted. Nouns which have no plural are marked with *no pl.* Those which occur in the plural are marked *pl.*

Vowel change of adjectives This is shown in brackets:

jung(*ü*): *jung* ⟶ *jünger*

11 Herr Müller in Berlin

im Reisebüro Eckert

Herr Eckert: Mein lieber Herr Müller, guten Tag. Wie geht es Ihnen?

Herr Müller: Danke. Es geht mir sehr gut. Und wie geht es Ihnen?

Herr Eckert: Es geht mir wieder gut. Wissen Sie, ich war krank. Meine Frau auch.

Herr Müller: Oh, das tut mir leid.

Herr Eckert: Aber jetzt ist alles wieder in Ordnung. Wie war die Reise?

Herr Müller: Danke. Sehr schön.

Herr Eckert: Sie waren lange nicht hier. Na, wie finden Sie Berlin?

Herr Müller: Herrlich. Sie wissen ja, ich bin gern hier.

Frl. Werner: Entschuldigen Sie, Herr Eckert. Telefon für Sie. Ihre Frau möchte Sie sprechen.

Herr Eckert: Fräulein Werner, bleiben Sie einen Moment hier. Herr Müller trinkt sicher gern einen Schnaps. Ich komme gleich wieder . . .

Frl. Werner: Möchten Sie einen Doppelkorn?

Herr Müller: Ja, bitte.

Frl. Werner: Bleiben Sie lange in Berlin, Herr Müller?

Herr Müller: Nein, ich kann nicht sehr lange bleiben. Ich muß geschäftlich nach Hamburg fahren.

Frl. Werner: Bitte, hier ist ein Glas für Sie.

Herr Müller: Und Sie? Trinken Sie keinen Schnaps?

Frl. Werner: Danke. Nicht im Büro.

Herr Müller: Sie müssen etwas trinken. Es ist ja heute so kalt. Ein Glas Schnaps tut Ihnen gut.

Frl. Werner: Aber, bitte, nicht so viel!

* * *

Herr Eckert: Da bin ich wieder. Jetzt können wir geschäftlich sprechen. Wie finden Sie meinen Vorschlag?

Herr Müller: Ich finde ihn sehr gut. Wir schicken unsere Kunden in Ihr Reisebüro, und Sie schicken Ihre Kunden zu uns. Wir haben viele Kunden, besonders Ausländer, und sie möchten gern nach Berlin fahren.

Herr Eckert: Es gibt hier viel zu sehen und zu tun. Berlin ist so interessant und auch amüsant. Das wissen viele Leute nicht.

Herr Müller: Interessant für unsere Kunden ist das Hansaviertel, das Europa-Center, die Kongreßhalle, die Gedächtniskirche.

Herr Eckert: Sehr schön ist der Grunewald, besonders im Sommer.

Herr Müller: Und sehr amüsant ist der Kurfürstendamm, besonders abends, nicht wahr?

Herr Eckert: Oh, ja. Was machen Sie denn heute abend, Herr Müller? Kommen Sie zu uns! Meine Frau möchte Sie so gern kennenlernen.

Herr Müller: Ich komme gern. Vielen Dank . . .
Frl. Werner: Entschuldigen Sie, Herr Eckert. Darf ich nach Hause gehen?
Herr Eckert: Was? Schon um drei Uhr? Warum denn?
Frl. Werner: Mir ist schlecht.
Herr Eckert: Ihnen ist schlecht! Sind Sie krank, Fräulein Werner?
Frl. Werner: Ich weiß nicht.
Herr Eckert: Trinken Sie einen Schnaps. Das tut Ihnen sicher gut.
Frl. Werner: Oh, meine Güte! Bitte, keinen Schnaps!

Ihnen	to you
mir	to me
ich war	I was, have been
krank	ill, sick
tun	to do, put
Sie waren	you were, have been
lang(e)	long, for a long time
bleiben	to stay, remain
der Schnaps(¨e)	(general name for spirits)
der Doppelkorn	corn brandy
heute	today
kalt	cold
der Vorschlag(¨e)	proposal, suggestion
schicken	to send
der Kunde(-n)	customer, client
viele	many
besonders	especially
interessant	interesting
amüsant	amusing
der Sommer(-)	summer
abends	in the evening(s)
kennenlernen	to meet, get to know
schlecht	bad(ly)

die Gedächtniskirche bei Nacht

wie geht es Ihnen?	how are you?
(das) tut mir leid	I'm sorry (about that)
ein Schnaps tut Ihnen gut	a drink does you good
heute abend	this evening, tonight
mir ist schlecht	I feel sick

Things to see in Berlin

das Hansaviertel	interesting residential area, built by 48 international architects in 1957.
das Europa-Center	enormous modern office building serving as shopping and cultural centre, with restaurants, roof garden, ice rink, English style pub, dance hall, etc..
die Kongreßhalle	conference hall of unusual design.
die Gedächtniskirche	ruins of the church destroyed in the war; a modern one has been built next to it; its stained glass windows are very striking seen from outside at night.
der Grunewald	large wood with lakes at the edge of the city; particularly popular in summer for bathing and sailing.
der Kurfürstendamm	main shopping street in West Berlin with many good restaurants and cafés; best known is Café Kranzler, a fashionable meeting point.
das Ägyptische Museum	in West Berlin; contains among other things the head of Nefertiti.
das Pergamon-Museum	in East Berlin; contains the famous Pergamon altar.

Einen Schnaps bitte!

The word *Schnaps* covers a whole range of spirits, and it is best to specify what you want. In northern Germany *Schnaps* usually refers to the many brands of clear grain spirit that look like – but have a different taste from – gin. Very popular are *Korn* or *Doppelkorn*, and *Steinhäger* (sold in earthenware bottles). German brandy (*Weinbrand*) is quite inexpensive. A little higher up the price range are some excellent drinks, such as *Kirschwasser, Himbeergeist* and *Zwetschgenwasser.*

war . . . waren

ich war	er, sie, es war	wir waren	Sie waren	sie waren
I was	he, she, it was	we were	you were	they were

ich⟶mir . . . Sie⟶Ihnen

mir (to me) and *Ihnen* (to you) occurs in many stock phrases:

Es geht *mir* gut.
I'm well. (I'm doing well.)
Es tut *mir* leid.
I am sorry.
Mir ist schlecht.
I feel sick, unwell.
Mir ist sehr warm.
I feel very warm.
Das tut *mir* gut.
It's good for me. (It does me good.)

Und wie geht es *Ihnen*?
And how are you?
Tut es *Ihnen* auch leid?
Are you sorry too?
Was ist los? Ist *Ihnen* schlecht?
What's the matter? Are you feeling sick?
Ihnen ist kalt, nicht wahr?
You're feeling cold, aren't you?
Eine Tasse Tee tut *Ihnen* gut.
A cup of tea does you good.

viel . . . viele

viel = much, a lot of
viel Kaffee
viel Zeit
viel Gepäck
viel zu sehen

viele = many, a large number of
viele Kunden
viele Frauen
viele Autos

Note that you say: viel*en* Dank.

zu

zu (to) is added before most verbs:

Ich habe viel *zu* tun.
I have a lot to do.

Es gibt viel *zu* sehen.
There is a lot to see.

but *zu* is not required after *möchte(n), können, wollen, dürfen, müssen* and *gehen:*

Möchten Sie heute kommen?
Would you like to come today?

Darf ich einen Vorschlag machen?
May I make a suggestion?

Er will nach Berlin fliegen.
He wants to fly to Berlin.

Wir gehen ins Hotel essen.
We'll go and eat in the hotel.

Übungen

a) Complete the following sentences and expressions:

1. Ich war krank, aber jetzt geht es ——— gut. ....
2. Ich muß nach Hause gehen; ——— ist schlecht. ....
3. Wie geht es ——— ? Danke, es geht ——— gut. ....
4. Möchten Sie einen Schnaps? Das tut ——— gut. ....
5. Guten Morgen, Herr Müller! Wie geht es ——— ? ....
6. Waren Sie krank? Das tut ——— leid. ....
7. Warum müssen Sie jetzt gehen? Ist ——— schlecht? ....
8. Sie haben keinen Mantel; ist ——— warm? ....

b) Complete the following sentences with *viel* or *viele:*

1. Das Reisebüro Atlas hat ——— Kunden. ....
2. Meine Frau trinkt ——— Tee. ....
3. Die Dame hat ——— Gepäck. ....
4. Dort können Sie ——— Flugzeuge sehen. ....
5. Im Restaurant waren ——— Leute. ....
6. Haben Sie nicht ——— Zeit? ....
7. Er hat nicht sehr ——— zu tun. ....
8. In München gibt es ——— zu sehen. ....
9. Die Ausländer trinken ——— Schnaps. ....
10. Wir möchten ——— Bilder kaufen. ....

c) Answer these questions about the text:

1. Ist Herr Müller gern in Berlin? ....
2. Wer möchte Herrn Eckert sprechen? ....
3. Bleibt Herr Müller lange in Berlin? ....
4. Trinkt Fräulein Werner einen Schnaps? ....
5. Wen möchte Frau Eckert kennenlernen? ....
6. Wann will Fräulein Werner nach Hause gehen? ....

Rätsel

Find the words missing from this dialogue and they will form a sentence.

....

Dame: Ist mein Flugschein ——— Ordnung? Ich fliege nach Berlin, nicht nach Hamburg. Wann bin ich dort?

Herr: Sie sind um sieben in ———.

Dame: ——— es im Flugzeug etwas zu essen?

Herr: Aber sicher. Bitte, wo ist Ihr Gepäck? Ist ——— im Taxi?

Dame: Nein, hier ist alles. Ich habe nicht ———.

Herr: Bleiben Sie lange in Berlin?

Dame: Nein. Aber ich habe sehr viel dort ——— tun. Ich möchte so gern das Hansaviertel und das Agyptische Museum ———.

12 Eckerts haben Besuch

im Blumenladen

Verkäuferin: Guten Tag. Was möchten Sie gern?

Herr Müller: Ein paar Blumen bitte.

Verkäuferin: Rosen oder Nelken? Oder wollen Sie lieber Osterglocken? Sie sind sehr schön.

Herr Müller: Nein, ich nehme lieber Nelken.

Verkäuferin: Diese Nelken hier?

Herr Müller: Ja, bitte. Geben Sie mir sieben Stück.

Verkäuferin: Eins, zwei, drei, vier, fünf, sechs . . . Ach, tut mir leid. Da sind nur sechs Stück.

Herr Müller: Na, dann geben Sie mir die Osterglocken. Was kosten sie?

Verkäuferin: Sie kosten zwanzig Pfennig das Stück. Wieviel möchten Sie?

Herr Müller: Fünfzehn Stück.

Verkäuferin: Sonst noch etwas? Nein? Das macht drei Mark.

Herr Müller: Bitte schön. 3 Mark.

Verkäuferin: Ich danke Ihnen.

Herr Müller: Oh, wissen Sie, wo die Beethovenstraße ist? Ist das weit von hier?

Verkäuferin: Nein, nein. Nehmen Sie den Bus. Sehen Sie, dort ist die Haltestelle.

Herr Müller: Danke schön. Auf Wiedersehen.

Verkäuferin: Auf Wiedersehen.

* * *

bei Eckerts

Herr Eckert: Guten Abend, Herr Müller. Bitte kommen Sie herein. Friedl, Herr Müller ist da! Meine Frau kommt gleich. Sie macht eine Bowle für uns. Ah, hier ist sie schon. Darf ich vorstellen? Friedl, das ist Herr Müller. Herr Müller – meine Frau.

Frau Eckert: Guten Abend, Herr Müller.

Herr Müller: Guten Abend, Frau Eckert. Hier sind ein paar Blumen für Sie.

Frau Eckert: Oh, wie nett von Ihnen. Osterglocken habe ich besonders gern. Ich danke Ihnen. Kommen Sie bitte ins Zimmer. Sie müssen unseren Besuch kennenlernen. Es ist eine Freundin von mir.

Herr Eckert: Darf ich vorstellen? Herr Müller . . .

Herr Müller: Frau Bender!

Frau Bender: Das ist ja Herr Müller vom Reisebüro Atlas.

Frau Eckert: Was? Sie kennen Herrn Müller schon? Na, so etwas!

Herr Eckert: Da müssen wir etwas trinken. Friedl, wo ist unsere Bowle?

Frau Eckert: Sie kommt gleich.

Frau Bender: Kann ich Ihnen helfen?

Frau Eckert: Nein, vielen Dank. Aber ich muß Ihnen schnell etwas erzählen. Letzte Woche waren Freunde aus London bei uns. Ich wollte eine Bowle machen, und die Dame wollte mir helfen. Ach, Gottlieb erzählt Ihnen alles . . .

Herr Eckert: Es war schrecklich. Die Dame wollte den Zucker in die Bowle tun – und wissen Sie was? Es war kein Zucker. Es war Salz!

Frau Bender: Wie schrecklich! . . .

Frau Eckert: Hier ist unsere Bowle. Sie ist schön kalt.

Herr Eckert: Ist wieder Salz drin, Friedl?

Frau Eckert: Gottlieb, bitte!

Herr Eckert: Zum Wohl!

Frau Bender: } *Herr Müller:* } Zum Wohl!

Frau Eckert: Na, wie ist sie?

Frau Bender: Herrlich! Sie müssen mir das Rezept geben.

der Besuch(-e)	visit, visitor(s)
der Blumenladen(¨)	flower shop
die Verkäuferin(-nen)	sales girl, shop assistant
die Blume(-n)	flower
die Rose(-n)	rose
die Nelke(-n)	carnation
die Osterglocke(-n)	daffodil
das Stück(-e)	piece
nur	only
der Pfennig(-e)	penny
wieviel	how much, how many
danken	to thank
von	from, of
die Haltestelle(-n)	stop (for bus, tram, etc.)
bei	at (the place of), next to
die Bowle(-n) (*pronounced* 'Bohle')	type of cold punch
vorstellen	to introduce
die Freundin(-nen)	(woman) friend, girl friend
helfen (hilft)	to help
erzählen	to tell (a story)
der Freund(-e)	friend, boy friend
wollte(n)	wanted (to)
der Zucker	sugar
das Salz	salt
drin	in it
das Rezept(-e)	recipe, prescription

ein paar	a few
geben Sie mir sieben Stück	give me seven (of them)
kommen Sie herein!	come in
letzte Woche	last week

Eine Bowle

There are several ways of preparing this drink. The basic ingredients are a light table wine, usually white wine (*Weißwein*), German champagne (*Sekt*), fruit (*Obst*), lemon juice (*Zitronensaft*), some sugar and a little brandy or liqueur. The whole should be well chilled and the glasses partly filled with ice cubes.

Rezept für eine Bowle

1 Flasche Weißwein
1 Flasche Sekt
½ Zitrone
½ Glas Weinbrand oder Kirschwasser
etwas Zucker
Obst (Apfelsinen, Kirschen, Erdbeeren, Pfirsiche &c.)

Darf ich vorstellen?

You introduce a man to a woman, a younger person to an older one. There is no equivalent for 'how do you do'. You simply shake hands and say *Guten Tag* or, if at a party in the evening, *Guten Abend*.

Ich möchte ein paar Blumen

If you are invited to the home of a friend, always take a little present with you – flowers or a box of chocolates. Do not take red roses unless they are for your wife, fiancée or girl friend. It is the custom to buy an uneven number of flowers and to take off the wrapping before you present them.

wollte . . . wollten

wollen	ich wollte	er, sie, es wollte	wir wollten	Sie wollten	sie wollten
to want (to)	I wanted (to)	he, she, it wanted (to)	we wanted (to)	you wanted (to)	they wanted (to)

danken, geben, &c. + mir . . . Ihnen

mir (to me) and *Ihnen* (to you) are used with certain verbs, implying giving, saying, showing or conveying something to a person:

danken = to thank, i.e. give thanks to a person

Warum danken Sie *mir*? — Ich danke *Ihnen*.
Why do you thank me? — I thank you.

helfen = to help, i.e. give help to a person

Meine Frau hilft *mir*. — Kann ich *Ihnen* helfen?
My wife helps me. — Can I help you?

geben = to give, i.e. to a person

Er gibt *mir* den Mantel. — Gibt sie *Ihnen* etwas zu essen?
He gives me the coat. — Is she giving you something to eat?

erzählen = to tell, i.e. to a person

Was erzählen Sie *mir*? — Wir wollen *Ihnen* etwas erzählen.
What are you telling me? — We want to tell you something.

von mir . . . von Ihnen

von, zu, bei, mit are followed by *mir* and *Ihnen:*

Das ist ein Bild *von mir . . . von Ihnen*.
This is a picture of me (of mine) . . . of you (of yours).
Sie kommt morgen *zu mir . . . zu Ihnen*.
She is coming to me . . . to you tomorrow.

Es ist schön warm *bei mir . . . bei Ihnen*.
It is nice and warm at my place . . . at your place.
Er geht lieber *mit mir . . . mit Ihnen*.
He'd rather go with me . . . with you.

wieviel?

Wieviel (*or* Was) kostet das?
How much does that cost?

Wieviel (*or* Wie viele) Blumen möchten Sie?
How many flowers would you like?

If you are buying articles singly, you say:

Wieviel (Was) kostet *das* Stück? — *Das* Stück kostet ....
How much do they cost each (apiece)? — They are .... each.

If you are buying by the litre, by the glass, etc., you say:

Wieviel (Was) kostet *der* Liter? — *Der* Liter kostet ....
How much is a litre? — It's .... a litre.
Wieviel (Was) kostet *das* Glas? — *Das* Glas kostet ....
How much is a glass? — It's .... a glass.

Note: *das Stück* (piece) does not change when you say what quantity you want:

Wieviel Stück wollen Sie? — Geben Sie mir sechs Stück.
How many (of them) do you want? — Give me six (of them).

Übungen

a) Provide questions to fit these answers:

1. .... Nein, das ist kein Bild von mir.
2. .... Nein, er hilft mir nicht.
3. .... Nein, er gibt mir keine Blumen.
4. .... Sie kommt um zwei Uhr zu mir.
5. .... Danke, es geht mir gut.

b) Put the word in brackets into its correct form where necessary:

1. Warum (helfen) er (ich) nicht? ....
2. Ich (müssen) (Sie) etwas erzählen. ....
3. Wieviel Stück (können) Sie (ich) geben? ....
4. Ich (danken) (Sie). Das war sehr nett von (Sie). ....
5. Gleich (geben) er (Sie) den Schlüssel. ....

c) Complete the following sentences with *war, waren, wollte, wollten*, as appropriate:

1. Wo ——— Sie? Ich ——— im Büro. ....
2. Er ——— lange da. Seine Freunde ——— auch da. ....
3. Er ——— mir ein paar Blumen geben. ....
4. Die Damen ——— mir helfen. ....
5. Es ——— schön in Berlin. ....
6. Ich ——— Sie etwas fragen. ....

d) Answer these questions about the text:

1. Wieviel Osterglocken nimmt Herr Müller? ....
2. Wieviel kosten die Osterglocken? ....
3. Wer ist die Freundin von Frau Eckert? ....
4. Wie ist die Bowle? ....
5. Wer will das Rezept für die Bowle? ....

Rätsel

Complete these phrases and sentences with the help of the *Osterglocken*.

Herr O – – – ! Bitte, eine Tasse Kaffee.
Wer S – – – Sie?
Unser T – – – – ist reserviert, nicht wahr?
Sonst noch E – – – – ?
Ich möchte R – – – – für meine Frau.
G – – – Gott!
Das tut mir L – – – .
Der O – – – hat die Speisekarte.
Das Europa-C – – – – – ist in Berlin.
Das K – – – ich nicht machen!
Was gibt es zu E – – – – ?
Es ist Viertel N – – – neun.

13 Ein Anruf für Herrn Müller

im Reisebüro Atlas

Frl. Koch: Klaus, da ist eine Einladung für Herrn Müller vom Verkehrsverein in Berlin.

Klaus: Na, er ist doch dort.

Frl. Koch: Ja, aber er weiß doch nichts von der Einladung.

Klaus: Ach so. Wir können ja telefonieren. Haben Sie seine Telefonnummer?

Frl. Koch: Ja. Da ist sie. Er wohnt im Hotel Biedermeyer, Telefonnummer 32 87 26. Die Vorwählnummer für Berlin ist 03 11.

Klaus: Vielleicht schläft er noch. Wir dürfen ihn doch nicht wecken.

Frl. Koch: Es ist halb neun. Um diese Zeit schläft Herr Müller nicht.

Klaus: Woher wissen Sie denn das?

Frl. Koch: Ich will gleich telefonieren. Null – drei – eins – eins – drei – zwo – acht – sieben – zwo – sechs.

Empfangsdame: Hotel Biedermeyer.

Frl. Koch: Bitte verbinden Sie mich mit Herrn Müller.

Empfangsdame: Bei uns im Hotel sind zwei Herr Müller.

Frl. Koch: Ich möchte Herrn Manfred Müller sprechen ... Keine Antwort! Fräulein, ist der Herr nicht da?

Empfangsdame: Doch, doch. Bitte warten Sie.

Klaus: Gibt er keine Antwort? Vielleicht ist er im Bad.

* * *

im Hotel Biedermeyer

Herr Müller: Wer telefoniert denn so früh? Oh, mein Kopf. Diese Bowle! Sie war ja gut, aber ... Hallo.

Frl. Koch: Wer ist am Apparat bitte?

Herr Müller: Müller am Apparat. Guten Morgen, Frau Bender. Wie geht es Ihnen?

Frl. Koch: Ich bin nicht Frau Bender. Fräulein Koch am Apparat.

Herr Müller: Fräulein Koch? Was ist los? Warum telefonieren Sie so früh?

Frl. Koch: Ich wollte nur sagen: hier ist eine Einladung für Sie.

Herr Müller: Von wem?

Frl. Koch: Von dem Verkehrsverein in Berlin. Das ist doch wichtig.

Herr Müller: Ach so, ja. Vielen Dank.

Frl. Koch: Wollen Sie mit dem Verkehrsverein telefonieren? Die Einladung ist für Donnerstag. Dann sind Sie doch schon in Hamburg.

Herr Müller: Was, Donnerstag? Dann bin ich nicht in Hamburg.

Frl. Koch: Doch, Herr Müller. Dort ist ein Zimmer für Sie reserviert.

Herr Müller: Schicken Sie ein Telegramm an das Hotel und sagen Sie, ich möchte das Zimmer nicht.

Frl. Koch: Aber müssen Sie denn nicht geschäftlich nach Hamburg fahren?

Herr Müller: Das ist nicht so wichtig. Wie geht es im Büro? Ist Klaus zurück?

Frl. Koch: Ja, er ist da. Wollen Sie ihn sprechen?

Herr Müller: Nein. Ich habe jetzt keine Zeit. Schicken Sie die Einladung gleich mit der Post. Danke für den Anruf. Auf Wiederhören.

Frl. Koch: Auf Wiederhören, Herr Müller.

* * *

im Reisebüro Atlas

Klaus: Was war das mit Frau Bender?

Frl. Koch: Ich weiß nicht.

Klaus: Sie ist doch in München. Wissen Sie noch: „Frau Bender fliegt nach München, nicht nach Wien!" Sagen Sie, warum will Herr Müller so lange in Berlin bleiben?

Frl. Koch: Klaus, fragen Sie nicht so viel. Gehen Sie bitte zum Postamt. Schicken Sie die Einladung an ihn und ein Telegramm an das Hotel in Hamburg.

der Anruf(-e)	telephone call
die Einladung(-en)	invitation
der Verkehrsverein(-e)	tourist office
doch	but, after all, yes
nichts	nothing
telefonieren	to ring up, telephone
die Telefonnummer(-n)	telephone number
die Vorwählnummer(-n)	dialling code
null	'O', zero
vielleicht	perhaps
schlafen (schläft)	to sleep
noch	still, yet
wecken	to wake
woher	where from
zwo=zwei	two (used on telephone)
verbinden	to connect
die Antwort(-en)	reply, answer
warten	to wait
früh	early
der Kopf(¨e)	head
sagen	to say, tell
der Donnerstag(-e)	Thursday
das Telegramm(-e)	telegram
das Postamt(¨er)	post office
woher wissen Sie das?	how do you know that?
wer ist am Apparat?	who is speaking? (on the telephone)
von wem?	from whom?
wie geht es?	how are things?
mit der Post	by post
wissen Sie noch?	do you remember?

Wir können ja telefonieren

If you are making a local phone call (*ein Ortsgespräch*) from a telephone box (*Fernsprecher*), lift the receiver first, put in two 10 Pfennig pieces (*2 × 10 Pf. einwerfen*), and then dial. Local calls are not timed. A long distance call (*ein Ferngespräch*) is paid for according to time and distance. A yellow sign *Bitte zahlen* (please pay) comes on to tell you that you have to put in more money (*10 Pf., 50 Pf.* or *DM 1,–*). A red sign *Sprechzeit zu Ende* comes on to tell you that your time is up. If you don't get through, the money is returned automatically. Dialling codes are used throughout.

der/das ⟶ dem . . . die ⟶ der

der and *das* change to *dem*, *die* to *der* when they come after *von, zu, bei, mit:*

der Zug	von *dem* Zug from the train	zu *dem* Zug to the train	bei *dem* Zug next to the train	mit *dem* Zug with the train, by train
das Auto	von *dem* Auto from the car	zu *dem* Auto to the car	bei *dem* Auto next to the car	mit *dem* Auto with the car, by car

Note: *von dem, zu dem, bei dem,* are often shortened to *vom, zum, beim:*

vom Zug	zum Zug	beim Zug
vom Auto	zum Auto	beim Auto

but:

die Dame	von *der* Dame from the lady	zu *der* Dame to the lady	bei *der* Dame next to the lady	mit *der* Dame with the lady

Note: *zu der* is shortened to *zur:* zur Dame

doch

doch means 'yes' in answer to a question with *nicht* or *kein:*

Kommt er nicht? Isn't he coming?	Doch, er kommt. Yes, he is coming.	*or:* Doch. Yes, he is.
Haben Sie keine Zeit? Have you no time?	Doch, ich habe viel Zeit. Yes, I have a lot of time.	*or:* Doch. Yes, I have.

doch also means 'yes' when you're contradicting someone:

Heute kommt er nicht. He isn't coming today.	Doch, er kommt heute. Yes, he is coming today.	*or:* Doch. Yes, he is.
Sie hat kein Auto. She has no car.	Doch, sie hat ein Auto. Yes, she does have a car.	*or:* Doch. Yes, she has.

doch can also reinforce a statement or request, rather like 'after all' in English:

Er ist doch in Berlin. He is in Berlin after all.	Das ist doch wichtig für Sie. That's important for you after all.

dürfen + nicht . . . müssen + nicht

dürfen + nicht or *kein* often means 'must not', i.e. not permitted to, forbidden to:

Hier dürfen Sie nicht rauchen. You mustn't smoke here.	Ich darf keinen Wein trinken. I mustn't drink any wine.	Wir dürfen ihn nicht wecken. We mustn't wake him.

müssen + nicht or *kein* generally means 'not to have to', i.e. not obligatory, not essential:

Sie müssen keine Rosen kaufen. You don't have to buy roses.	Er muß keinen Wein trinken. He doesn't have to drink wine.	Müssen Sie nicht telefonieren? Don't you have to phone?

Übungen

a) *ja* . . . or . . . *doch*?

1. Kommt er nächste Woche? ...., er kommt nächste Woche.
2. Er hat keinen Flugschein. ...., er hat einen Flugschein.
3. Haben Sie keinen Koffer? ...., ich habe einen Koffer.
4. Ist er nicht da? ...., er ist da.
5. Ist das die Empfangsdame? ...., das ist die Empfangsdame.
6. Das ist nicht wichtig. ...., das ist sehr wichtig.

b) Complete the sentences according to the words in brackets:

1. Wohin ——— er heute fahren? (have to) ....

2. Wir ——— ——— im Büro telefonieren. (must not). ....

3. ——— ich Sie etwas fragen? (may). ....

4. Ich ——— ——— mit dem Auto fahren. (must not). ....

5. ——— Sie schon nach Hause gehen? (must). ....

6. Wir ——— ——— im Hotel wohnen. (don't have to). ....

7. Er ——— es ——— wissen. (must not). ....

c) Complete the sentences with the correct form of *der, die* or *das:*

1. Ich fahre mit ——— Zug nach Köln. ....

2. Er weiß nichts von ——— Brief. ....

3. Gehen Sie zu ——— Verkäuferin! ....

4. Aber ich gehe zu ——— Verkäufer. ....

5. Der Herr mit ——— Schnurrbart ist Herr Müller. ....

6. Bitte sagen Sie etwas zu ——— Dame! ....

7. Der Ober kommt mit ——— Flasche. ....

d) Answer these questions about the text:

1. Was ist die Vorwählnummer für Berlin? ....

2. Wo wohnt Herr Müller in Berlin? ....

3. Wen möchte Fräulein Koch sprechen? ....

4. Ist Herr Müller nicht im Hotel? ....

5. Will er nach Hamburg fahren? ....

6. Wohin muß Klaus gehen? ....

Rätsel

Complete the sentences and the first letter of the missing words reading downwards will give you a useful phrase.

– – – – ich vorstellen?
Wer ist am – – – – – – –?
– – so etwas.
Ich – – – – die Flasche nicht aufmachen.
– – – paar Blumen bitte.
– – – – – – Sie den Schaffner!
Machen Sie die – – – – – – –!
Ich – – – – – – Zigaretten.
zwölf, – – – – – – – – –, vierzehn
– – ist viel Verkehr.
Möchten Sie Rosen oder – – – – – –?
Seine – – – – – – – steht im Adreßbuch.
Nein, er ist heute – – – – – im Büro.
Auf Wiedersehen. Gute – – – – –!
Er ist – – neun Uhr da.
Meine – – – – möchte Sie kennenlernen.

....

14 Klaus geht zum Postamt

im Postamt

Mann am Schalter: Der Nächste, bitte.

Klaus: Ich möchte ein Telegramm nach Hamburg schicken.

Mann am Schalter: Sie müssen das Formular ausfüllen. Kommen Sie dann wieder. Ich kann nicht so lange warten. Es sind viele Leute hier.

Klaus: Aber sehen Sie, da ist das Formular. Ich habe ja schon alles gemacht.

Mann am Schalter: So, dann geben Sie mir Ihr Telegramm. Empfänger: Parkhotel, Adresse: 2 Hamburg. Und die Straße?

Klaus: Das ist nicht nötig.

Mann am Schalter: Und was steht hier? „Komme nicht . . ." Was ist das? Ich kann das nicht lesen. Ein Telegramm müssen Sie deutlich schreiben.

Klaus: „Komme nicht Donnerstag. Müller."

Mann am Schalter: Ist der Absender deutlich? „Reisebüro Atlas, Ansburg, Wegemannstraße 14." Na, gut. Es sind sieben Wörter. Zwei Mark zehn, bitte.

Klaus: Dann möchte ich diesen Brief nach Berlin schicken.

Mann am Schalter: Das macht 30 Pfennig.

Klaus: Und dann noch Briefmarken.

Dame: Entschuldigen Sie. Ich möchte dieses Paket nach England schicken. Wieviel kostet das?

Mann am Schalter: Bitte warten Sie. Ich bin noch nicht mit dem Herrn fertig.

Dame: Aber das Paket ist sehr wichtig.

Mann am Schalter: Wollen Sie bitte warten! So. Sie möchten Briefmarken?

Klaus: Ja, bitte. Zehn Briefmarken zu 50 und dann noch zehn zu 30. Das ist alles.

Mann am Schalter: Gut. Zehn Briefmarken zu 50, zehn zu 30, das macht acht Mark. Dann der Brief – acht Mark dreißig – und das Telegramm . . .

Klaus: Zehn Mark vierzig.

Mann am Schalter: Stimmt.

Klaus: Hier ist ein Zwanzigmarkschein.

Mann am Schalter: Danke. Hier sind Ihre Briefmarken und 8 Mark 60 zurück.

Klaus: Das stimmt nicht.

Mann am Schalter: Was? Das stimmt nicht? Ach, da habe ich einen Fehler gemacht. Entschuldigen Sie. Sie bekommen 9 Mark 60 . . . So. Und jetzt die Dame bitte. Was wollen Sie mit dem Paket machen?

Dame: Ich will es nach England schicken.

Mann am Schalter: Mit dem Paket müssen Sie zum Schalter drei gehen.

Dame: Warum haben Sie das nicht gleich gesagt?

* * *

im Reisebüro Atlas

Frl. Koch: Sie waren lange im Postamt.

Klaus: Es waren viele Leute dort, und der Mann am Schalter war so langsam.

Frl. Koch: Wie schade! Es war eine Dame da. Sie hat nach Ihnen gefragt.

Klaus: So? War sie hübsch?

Frl. Koch: Nicht schlecht. Blond, schlank . . .
Klaus: Jung oder alt?
Frl. Koch: Ungefähr zwanzig.
Klaus: Was? Wie heißt sie? Heißt sie vielleicht Ursula?
Frl. Koch: Sie hat mir nicht gesagt, wie sie heißt.
Klaus: Warum haben Sie sie denn nicht gefragt? Ich muß doch wissen, wer es war. Das kann wichtig sein.
Frl. Koch: Wer ist denn diese Ursula?

der Mann(¨er)	man, husband
das Formular(-e)	form
ausfüllen	to fill in
so	now then, I see, really
der Empfänger(-)	addressee, recipient
nötig	necessary
lesen (liest)	to read
deutlich	clear(ly)
der Absender(-)	sender's address
das Wort(¨er)	word
die Briefmarke(-n)	stamp
das Paket(-e)	parcel
fertig	finished, ready
zu	at (with prices)
der Fehler(-)	mistake
bekommen	to get, obtain
der Schalter(-)	counter, desk
blond	fair-haired
schlank	slim
jung	young
alt	old
ungefähr	about, approximately
heißen	to be called
der Nächste, bitte	next person, please
es sind	there are
was steht hier?	what does it say here?
noch nicht	not yet
(das) stimmt	(that's) right
es waren	there were
sie hat nach Ihnen gefragt	she asked about you
wie heißt sie?	what is her name?

Das Postamt

Post offices in West Germany belong to a federal institution called *die Bundespost*. Its emblem is a black post-horn on a yellow background. Yellow is also the colour of all letter boxes (*Briefkästen*), call boxes, mail vans and even of the buses run by the *Bundespost*. The post offices provide the usual postal services. In addition it is also possible to settle accounts through any post office whether you have an account or not.

West Germany, as a member of the Common Market, enjoys the privilege of internal postal rates on mail to other Common Market countries: it costs as much to send a letter from Hamburg to Kiel as it does from Hamburg to Rome!

nach mir . . . nach Ihnen

nach mir (after me, about me) and *nach Ihnen* (after you, about you) follow the pattern of *von mir . . . von Ihnen* (see page 14):

Sie hat *nach mir* gefragt.	Er war *nach Ihnen* da.
She asked about me.	He was here after you were.

sagen⟶gesagt . . . fragen⟶gefragt

The form *ge – – – t* together with *habe – hat – haben* is used to refer to the past, especially in everyday speech:

sagen	ich habe gesagt	er, sie, es hat gesagt	wir haben gesagt
to say	I (have) said	he, she it (has) said	we (have) said
	Sie haben gesagt		sie haben gesagt
	you (have) said		they (have) said

Note: *gesagt, gefragt,* etc. always come at the end of the sentence:

Ich habe heute nach Ihnen *gefragt.*	Haben Sie im Postamt *gefragt*?
I (have) asked about you today.	Have you asked (Did you ask) in the post office?
Sie hat nicht viel *gesagt.*	Warum haben Sie das nicht gleich *gesagt*?
She hasn't said (didn't say) much.	Why haven't you said (didn't you say) so straightaway?

Verbs following the same pattern which have occurred so far:

antworten	geantwortet	klingeln	geklingelt	stimmen	gestimmt
danken	gedankt	kosten	gekostet	suchen	gesucht
frühstücken	gefrühstückt	machen	gemacht	tanzen	getanzt
grüßen	gegrüßt	prüfen	geprüft	warten	gewartet
haben	gehabt	rauchen	geraucht	wecken	geweckt
hören	gehört	regnen	geregnet	wohnen	gewohnt
kaufen	gekauft	schicken	geschickt	wollen	gewollt

New verbs of this type will have the *ge – – – t* form indicated in brackets in the word lists. Note that *ge-* is always unstressed.

zwanzig, einundzwanzig, zweiundzwanzig . . .

zwanzig	20	fünfzig	50	achtzig	80
dreißig	30	sechzig	60	neunzig	90
vierzig	40	siebzig	70	hundert	100

The other figures are formed by putting *eins, zwei, drei* &c. before *zwanzig, dreißig,* etc. (i.e. the opposite to English). Note that *eins* becomes *ein*:

einundzwanzig	21	sechsundvierzig	46	fünfundachtzig	85
dreiunddreißig	33	achtundfünfzig	58	siebenundneunzig	97

es ist . . . es sind

es ist (there is) and *es sind* (there are) refer to the actual presence of persons or things:

Es ist viel Verkehr.	Es sind viele Leute im Speisewagen.
There is a lot of traffic.	There are a lot of people in the restaurant car.

similarly: *es war . . . es waren*

Es war eine Dame da.	Es waren viele Blumen im Zimmer.
There was a lady here.	There were a lot of flowers in the room.

This *es* is dropped in questions or when it does not begin the sentence:

Ist viel Verkehr?	Im Speisewagen sind viele Leute.
Is there a lot of traffic?	There are a lot of people in the restaurant car.

Übungen

a) Write out these numbers in full:

31	98	65 ....
42	89	34 ....
53	77	71 ....
64	56	43 ....
88	94	67 ....
29	85	17 ....

b) Re-write these sentences so that they refer to the past:
(e.g. Ich wohne in Berlin. – Ich habe in Berlin gewohnt.)

1. Wir haben ein Auto. ....
2. Er kauft Blumen. ....
3. Sie sucht das Hotel. ....
4. Rauchen Sie viel? ....
5. Ich frühstücke um acht. ....
6. Er tanzt mit Frau Bender. ....
7. Sie schickt den Brief nach Berlin. ....
8. Warum fragt sie nach Ihnen? ....
9. Was sagen Sie? ....
10. Was mache ich mit dem Brief? ....
11. Klingelt der Wecker laut? ....
12. Wann wecken Sie mich? ....

c) Answer these questions about the text:

1. An wen schickt Klaus das Telegramm? ....
2. Wieviel kostet es? ....
3. Wieviel kostet der Brief nach Berlin? ....
4. Wieviel Briefmarken kauft Klaus? ....
5. Wohin muß die Dame mit dem Paket gehen? ....
6. Wer hat nach Klaus gefragt? ....

Rätsel

Ich habe einen Zwanzigmarkschein. Ich gehe zum Postamt und kaufe:

acht Briefmarken zu 30 Pfennig
elf Briefmarken zu 40 Pfennig
sieben Briefmarken zu 50 Pfennig
drei Briefmarken zu 80 Pfennig

Dann kaufe ich eine Schachtel Zigaretten zu DM 1,75 und eine Flasche Bier zu DM 1,10.

How much money is left? ....

15 Klaus sucht Fräulein Borkmann

im Schuhgeschäft

Klaus: Entschuldigen Sie, arbeitet ein Fräulein Borkmann bei Ihnen?

Verkäufer: Tut mir leid. Das ist die Herrenabteilung. Hier arbeiten keine Damen. Kann ich Ihnen vielleicht ein Paar Schuhe zeigen? Sehen Sie, dieses Paar ist sehr schön und modern. Man trägt diese Schuhe jetzt sehr viel. Nehmen Sie doch Platz!

Klaus: Vielen Dank. Aber ich will jetzt keine Schuhe kaufen. Haben Sie eine Damenabteilung?

Verkäufer: Ja, natürlich. Dort ist unsere Damenabteilung . . .

Verkäuferin: Bitte schön. Was wünschen Sie?

Klaus: Ich suche ein Fräulein Borkmann. Arbeitet sie bei Ihnen?

Verkäuferin: Nein. Sie ist nicht mehr hier. Sie hat nicht gern bei uns gearbeitet.

Klaus: Oh, Sie kennen sie. Dann können Sie mir vielleicht helfen. Wissen Sie, wo sie ist?

Verkäuferin: Tut mir leid. Das kann ich Ihnen nicht sagen. Sie hat eine Stelle gesucht, und ihr Freund wollte ihr helfen.

Klaus: Ihr Freund? Wer ist denn ihr Freund?

Verkäuferin: Ich weiß nicht, wie er heißt. Es ist ein Herr von ungefähr fünfundvierzig. Er war immer so nett zu ihr. Gehen Sie ins Café Heuslinger. Dort war sie oft mit ihm.

Klaus: Vielen Dank für die Auskunft.

* * *

im Café Heuslinger

Ober: Möchten Sie noch einen Kaffee?

Klaus: Nein, danke. Ich warte auf eine Dame und einen Herrn, aber sie sind nicht sehr pünktlich.

Ober: Möchten Sie denn noch länger warten?

Klaus: Ich weiß nicht. Vielleicht können Sie mir helfen. Ich suche eine Dame von ungefähr zwanzig.

Ober: Ja, wissen Sie, zu uns kommen viele Damen von ungefähr zwanzig.

Klaus: Aber diese Dame ist sehr hübsch. Sie ist schlank und blond. Ihr Freund ist viel älter als sie. Sie kommen oft in dieses Café. Das hat man mir im Schuhgeschäft gesagt.

Ober: Ah, dort hat sie früher gearbeitet. Jetzt weiß ich, wer es ist. Stimmt. Sie ist sehr hübsch. Das muß man sagen. Aber ihr Freund ist viel zu alt für sie, nicht wahr? Sie waren lange nicht hier.

Klaus: Hat sie Ihnen gesagt, wo sie arbeitet?

Ober: Sie kennen doch Doktor Fröbel, den Zahnarzt? Bei ihm arbeitet sie jetzt.

bei Dr. Fröbel

Klaus: „Dr. Fröbel, Zahnarzt. Sprechstunde: von 10 bis 12 und von 4 bis 6." Es ist gleich sechs. Dann ist sie sicher noch da. Und was steht hier? „Bitte klingeln und ins Wartezimmer gehen." Na, das kann ich ja machen. Guten Tag.

Herr Menke: Ach, da ist ja unser lieber Herr Reiseleiter. Guten Tag.

Klaus: Herr Menke, Sie sind es! Wie geht es Ihnen?

Herr Menke: Danke, gut. Und Ihnen?

Klaus: Mir geht es sehr gut.

Herr Menke: Na, jetzt sind Sie wieder im Büro und müssen arbeiten. In München war es doch schöner, nicht wahr? Was machen Sie denn hier? Sie kommen so spät. Die Sprechstunde ist gleich zu Ende. Haben Sie Zahnschmerzen?

Klaus: Nein, ich habe keine Zahnschmerzen. Ich warte auf eine Dame.

Herr Menke: Auf Fräulein Borkmann, nicht wahr? Da können wir ja zusammen warten . . .

Frl. Borkmann: Der Nächste, bitte!

das Schuhgeschäft(-e)	shoe shop
arbeiten(geạrbeitet)	to work
die Herrenabteilung(-en)	men's department
das Paar(-e)	pair, couple
der Schuh(-e)	shoe
zeigen(gezẹigt)	to show
modẹrn	modern
man	one, you, they
tragen (trägt)	to wear, carry
die Damenabteilung(-en)	ladies' department
wünschen(gewụ̈nscht)	to wish
die Stelle(-n)	job, position
immer	always
das Cafẹ́(-s)	café
oft	often
ihm	to him
die Auskunft(¨-e)	information
pünktlich	punctual(ly)
als	than
der Zahnarzt(¨-e)	dentist
die Sprechstunde(-n)	surgery hours
bis	to, till, until
das Wartezimmer(-)	waiting room
die Zahnschmerzen(*pl.*)	toothache
zusạmmen	together

Café im Sommer

ein Paar Schuhe	a pair of shoes
was wünschen Sie?	can I help you?
nicht mehr	no (any) longer, no (any) more
noch ein	another
Sie sind es!	it's you
ich warte auf . . .	I am waiting for . . .

Im Café

You can sit for a long time in a café and no one will bother you. There are magazines for you to read and usually a selection of daily newspapers too. You are not restricted to coffee and cakes, but can also order beer and other drinks and often snacks. It is a very pleasant place in which to while away the time and observe other people. In the bigger cafés there is often music (*Kaffeehausmusik*).

man

man (one, you, they) follows the pattern of *er, sie, es:*

er, sie, es ist	*man ist*	er, sie, es weiß	*man weiß*
he, she, it is	one is	he, she, it knows	one knows

man never refers to anyone in particular, but is used to generalise:

Man hat es mir gesagt.
They told me.

Man trinkt Tee in England.
They drink tea in England.

Man geht nicht gern zum Zahnarzt.
People don't like going to the dentist.

Man weiß nicht, wo er ist.
One doesn't know where he is.

er——>ihm . . . sie——>ihr

ihm (to him) and *ihr* (to her) follow the pattern of *mir . . . Ihnen* (see pages 10, 14, 22):
in certain stock phrases:

Es geht *ihm* gut.	Wie geht es *ihr*?	*Ihm* ist schlecht.	Das tut *ihr* leid.
He is well.	How is she?	He is feeling ill.	She is sorry about that.

with certain verbs:

Warum danken Sie *ihm*?
Why do you thank him?

Wir wollen *ihm* alles erzählen.
We want to tell him everything.

Können wir *ihr* helfen?
Can we help her?

Er gibt *ihr* die Rosen.
He is giving her the roses.

after *von, zu, bei, mit, nach:*

Das ist ein Bild *von ihm.*
That is a picture of him (of his).

Heute abend sind wir *bei ihm.*
We are at his place tonight.

Sie wollte *nach ihm* fragen.
She wanted to ask about him.

Er war sehr nett *zu ihr.*
He was very nice to her.

Wir gehen *mit ihr* nach Hause.
We are going home with her.

Haben Sie *nach ihr* gefragt?
Did you ask about her?

Note: *uns* (us) also means 'to us' and follows the pattern *mir, Ihnen, ihm, ihr*:

Es geht *uns* gut.	Es tut *uns* leid.	Er hilft *uns* gern.	Geben Sie *uns* das Paket!
We are fine.	We are sorry.	He likes helping us.	Give the parcel to us.
Der Brief ist *von uns.*	Er kommt *zu uns.*	Wohnen Sie *bei uns*!	Sie war *mit uns* im Café.
The letter is from us.	He is coming to us.	Stay at our place.	She was with us in the café.

alt——>älter . . . amüsant——>amüsanter

To make comparisons, you add *-er* much as in English:

schön	schön*er*	laut	laut*er*	amüsant	amüsant*er*	schlank	schlank*er*
nice	nicer	loud	louder	amusing	more amusing	slim	slimmer

but sometimes the vowel takes an *umlaut* (marked in brackets in the word lists):

jung	*jünger*	alt	*älter*	warm	*wärmer*	lang(e)	*länger*
young	younger	old	older	warm	warmer	long	longer

ich warte auf den . . . auf die . . . auf das

warten auf (to wait for) is followed by *den . . . die . . . das* in the same pattern as *in den . . . in die . . . in das* (see Book I, page 38):

Er wartet	auf *den* Herrn . . .	auf die Dame . . .	auf das Fräulein . . .
Er wartet	auf *einen* Herrn . . .	auf eine Dame . . .	auf ein Fräulein . . .

similarly: Er wartet auf mich . . . auf ihn . . . auf sie . . . auf uns . . . auf Sie.

Übungen

a) Put the word in brackets into its correct form:

1. Mein Freund wollte (er) helfen. ....
2. Er war immer sehr nett zu (ich). ....
3. Wollen Sie mit (wir) fahren? ....
4. Wir danken (Sie) für die Auskunft. ....
5. Sie kennen Fräulein Borkmann? Wie geht es (sie)? ....
6. Ihr Freund ist viel (jung) als sie. ....
7. Fahren Sie bitte noch (langsam)! ....
8. Kommen Sie lieber (früh) als (spät). ....
9. Ich warte auf (mein) Freund. ....
10. Wir wollen auf (er) warten. ....

b) Re-write these sentences replacing the words in italics with *man:*

1. *Die Leute* haben uns alles gesagt. ....
2. *Wir* wissen nicht, wann er kommt. ....
3. *Sie* haben ihn nicht gefragt. ....
4. Im Speisewagen dürfen *wir* rauchen. ....

c) Answer these questions about the text:

1. Will Klaus Schuhe kaufen? ....
2. Wo sucht er Fräulein Borkmann? ....
3. Wie alt ist ihr Freund? ....
4. Wo arbeitet sie jetzt? ....
5. Wo hat sie früher gearbeitet? ....
6. Wer wartet auch auf Fräulein Borkmann? ....

Kreuzworträtsel

waagerecht		*senkrecht*	
2	und	2	——— hat er gesagt?
4	und	1	Die ——— haben Rosen so gern.
6	und	3	Wollen wir zum Tegern ——— fahren?
8	und	8	In England trinkt ——— Tee.
10	und	10	Waren sie letzte Woche ——— ihm?
12	und	5	——— geht Klaus zum Schuhgeschäft?
13	und	7	Tut mir leid. Wir haben ——— Nelken.
14	und	9	Ich habe ——— eine Zigarette.
16	und	11	Wir gehen ——— Café und trinken einen Kaffee.
17	und	17	Wir kommen ——— Postamt.
19	und	15	——— wollen sie fliegen?
20	und	18	Heute abend geht er ——— ihr tanzen.

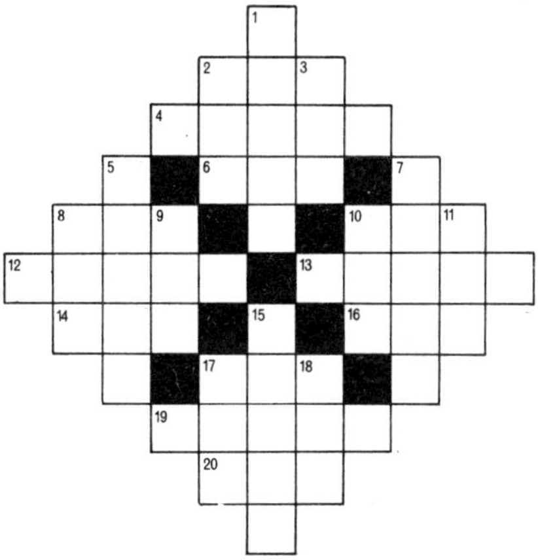

16 Hier ist Parkverbot

im Reisebüro Atlas

Briefträger: Guten Morgen.

Frl. Koch: Guten Morgen. Sie bringen heute wieder viel Post.

Briefträger: Natürlich. Sie haben doch viele Kunden. Jetzt ist es bald Sommer. Da wollen die Leute verreisen und schreiben an Sie.

Frl. Koch: Ja, stimmt. Da hat man viel zu tun.

Briefträger: Sind Sie wieder allein im Büro? Ist Herr Müller noch nicht zurück?

Frl. Koch: Nein.

Briefträger: Er kommt sicher bald. Fräulein Koch, da habe ich auch einen Brief für Sie gebracht.

Frl. Koch: Für mich?

Briefträger: Heißen Sie nicht Erika Koch?

Frl. Koch: Doch. Von wem ist der Brief denn? Oh, von meinem Chef. Entschuldigen Sie, ich muß den Brief schnell lesen. „Liebes Frl. Koch! Ich bleibe bis Donnerstag in Berlin und bin am Freitag wieder zurück."

Briefträger: Was habe ich gesagt? Er ist bald wieder da.

Frl. Koch: „Am Montag muß ich zu einer Tagung nach Hamburg und brauche eine Sekretärin. Können Sie mit mir fahren?" Ich fahre mit meinem Chef nach Hamburg! Herrlich!

Briefträger: Dort ist viel los. Von Hamburg muß ich Ihnen schnell etwas erzählen.

Frl. Koch: Sch! Da kommt ein Kunde.

Herr: Bitte, können Sie mir helfen? Wie komme ich in die Stadt? Ich bin fremd hier.

Frl. Koch: Wohin wollen Sie?

Herr: Ich möchte zum Rathaus.

Frl. Koch: Wollen Sie zu Fuß gehen?

Herr: Nein, ich bin mit dem Auto hier.

Frl. Koch: Fahren Sie geradeaus zum Warenhaus Ranke, dann rechts in die Goethestraße, dann gleich links in die Rittergasse . . .

Briefträger: Entschuldigen Sie. Das geht nicht. Die Rittergasse ist jetzt eine Einbahnstraße.

Frl. Koch: Ach so, ja. Stimmt. Sie müssen nach rechts in die Mozartstraße und dann bei der Tankstelle gleich nach links in die Beethovenstraße fahren.

Herr: Geradeaus, dann nach rechts . . .

Frl. Koch: . . . und wieder nach rechts und bei der Tankstelle links in die Beethovenstraße.

Briefträger: Dann fahren Sie geradeaus und kommen zum Postamt, und von dort sehen Sie das Rathaus.

Frl. Koch: Warten Sie. Ich gebe Ihnen einen Stadtplan. Sehen Sie, das ist die Wegemannstraße. Hier sind wir, und da ist das Rathaus. Mit dem Auto sind Sie schnell dort.

Briefträger: Aber zu Fuß ist es noch schneller. Kommen Sie, ich zeige Ihnen den Weg.

* * *

draußen

Briefträger: So. Gehen Sie mit mir. Es ist nicht weit. Sie kennen Ansburg noch nicht?

Herr: Nein. Ist die Stadt interessant?

Briefträger: Ja. Hier gibt es viel zu sehen. Die Stadt ist sehr alt, aber man kann nicht immer einen Parkplatz finden. Sehen Sie, hier draußen hat wieder ein Dummkopf sein Auto geparkt.

Herr: Was? Das ist doch mein Auto.

Briefträger: Ihr Auto ist das? Na, Sie sind fremd hier. Aber wissen Sie, hier darf man nicht parken.

Herr: Oh, das habe ich nicht gewußt.

Briefträger: Sehen Sie, da steht deutlich: „Montag bis Freitag Parkverbot". Fahren Sie doch lieber mit Ihrem Auto zum Rathaus!

das Parkverbot	no parking
der Briefträger(-)	postman
bringen (gebracht)	to bring
bald	soon
der Chef(-s)	boss
der Freitag(-e)	Friday
der Montag(-e)	Monday
die Tagung(-en)	meeting, conference
brauchen (gebraucht)	to need
die Sekretärin(-nen)	secretary
die Stadt(¨e)	town, city
das Rathaus(¨er)	town hall
geradeaus	straight on
rechts	right, on the right
links	left, on the left
die Einbahnstraße(-n)	one-way street
der Stadtplan(¨e)	town map
der Weg(-e)	way
draußen	outside
der Parkplatz(¨e)	car park
der Dummkopf(¨e)	silly fool
parken (geparkt)	to park
am Freitag, am Montag	on Friday, on Monday
es ist viel los	there is a lot going on
wie komme ich . . . ?	how do I get to . . . ?
ich bin fremd hier	I am a stranger here
zu Fuß	on foot
nach rechts, nach links	to the right, to the left.

„Da habe ich auch einen Brief für Sie gebracht"

Wo kann man parken?

This sign (which is now being replaced) tells you parking is prohibited. It often has an arrow pointing in the direction in which you are not allowed to park, and the times and days on which there is no parking. There are no yellow lines. Parking rules are very strict. It is an offence to put your car where you obstruct the view for other drivers, or near crossroads, traffic islands, bus stops and tram stops, or near entrances to private property. Where parking is allowed you may only do so on the right-hand side, except in a one-way street (*Einbahnstraße*). Never park facing oncoming traffic.

You will find parking meters (*Parkuhren*) even in the smaller towns. Half an hour costs from 10 *Pf.* upwards. Multi-storey car parks (*Parkhäuser*) are more expensive. The charges for *Parkplätze* vary from nil to *DM* 1,50 for half a day.

ich möchte zum Rathaus

gehen or *fahren* are often omitted after *möchte(n)*, *müssen* and *wollen:*

Ich möchte zum Rathaus. I want to go to the town hall.	(= Ich möchte zum Rathaus gehen . . fahren.)
Wir müssen in die Stadt. We have to go into town.	(= Wir müssen in die Stadt gehen . . . fahren.)
Wohin wollen Sie? Where do you want to go to?	(= Wohin wollen Sie gehen . . fahren?)

gehen...fahren...kommen

gehen implies 'going on foot', but *fahren* means 'going by transport':

Wollen Sie gehen oder wollen Sie lieber fahren?
Do you want to walk or would you rather go by transport?

Ich gehe zum Postamt.
I am going (i.e. walking) to the post office.

Er fährt mit dem Bus.
He is going by bus.

kommen often means 'to get to':

Wie komme ich in die Stadt?
How do I get into town?

Mit dem Zug kommen Sie schneller nach Hamburg.
You get to Hamburg more quickly by train.

ein⟶einem... eine⟶einer

ein changes to *einem*, *eine* to *einer* when they come after *von, zu, bei, mit, nach* (compare *der/das⟶dem... die⟶der*, page 18):

der Freund	Er wohnt *bei einem* Freund. He is staying with a friend.
das Postamt	Wir wollen *zu einem* Postamt gehen. We want to go to a post office.
das Bild	Das ist ein Ausweis *mit einem* Bild. This is an identity card with a photo.

but:

die Freundin	Dieser Brief is *von einer* Freundin. This letter is from a girl friend.
die Flasche	Der Ober kommt *mit einer* Flasche Wein. The waiter is coming with a bottle of wine.

mein, Ihr, sein, unser, ihr and *kein* follow the same pattern:

der Mann	Sie hat *nach meinem* Mann gefragt. She asked about my husband.
der Freund	Er hat nichts *von Ihrem* Freund gehört. He has heard nothing from your friend..
das Hotel	Wir fahren *zu uns(e)rem* Hotel. We are driving to our hotel.

but:

die Frau	Hier ist ein Telegramm *von Ihrer* Frau. Here is a telegram from your wife.

bringen⟶gebracht...wissen⟶gewußt

The *ge---t* form of some verbs is slightly irregular, i.e. the vowel changes and sometimes consonants as well (compare *sagen ⟶ gesagt*, page 22):

bringen
to bring

ich habe gebracht
I (have) brought

er, sie, es hat gebracht
he, she, it (has) brought

wir haben gebracht
we (have) brought

Sie haben gebracht
you (have) brought

sie haben gebracht
they (have) brought

Note: *gebracht, gewußt* like *gesagt* etc. come at the end of the sentence:

Ich habe Ihnen ein paar Blumen *gebracht.*
I brought you a few flowers.

Woher haben Sie das *gewußt?*
How did you know that?

Other verbs of this type which have occurred so far:

dürfen	gedurft	können	gekonnt	nennen	genannt
kennen	gekannt	müssen	gemußt		

Übungen

a) Put the words in brackets into the correct form where necessary:

1. Wollen Sie mit (mein) Auto fahren? ....
2. Ist der Brief von (unser) Mutter? ....
3. Wir gehen jetzt zu (Ihr) Freund. ....
4. Er fährt zu (ein) Tagung in Berlin. ....
5. Sie arbeitet bei (ein) Zahnarzt. ....
6. Er hat nach (sein) Freundin gefragt. ....
7. Das dürfen Sie nicht zu (ein) Dame sagen! ....
8. Ich habe (der Herr) nicht (kennen). ....
9. Wir haben es schon lange (wissen). ....
10. Der Briefträger hat mir (dieser) Brief (bringen). ....
11. Er hat mich einen Dummkopf (nennen). ....

b) *gehen?... fahren?... kommen?* Insert the correct form:

1. Der Zug ——— von Wien nach München. ....
2. Wie ——— ich schnell zum Postamt? ....
3. Wir möchten zu Fuß ———. ....
4. Das Taxi ——— so langsam. ....
5. Wann ——— Sie zu uns? ....

c) Answer these questions about the text:

1. Von wem ist der Brief für Frl. Koch? ....
2. Wann ist Herr Müller wieder zurück? ....
3. Wann fährt er nach Hamburg? ....
4. Wer fährt mit ihm? ....
5. Wohin möchte der Herr? ....
6. Will er zu Fuß gehen? ....
7. Wer will ihm den Weg zum Rathaus zeigen? ....

Quiz

1. Sie fahren mit dem Zug.
   a) Wo darf man nicht rauchen? ....
   b) Wo ißt man? ....
   c) Wer will die Fahrkarten sehen? ....
   d) Wie nennt man einen Schnellzug? ....
2. Sie fahren mit dem Schnellzug und haben eine Fahrkarte. Braucht man sonst noch etwas?* ....
   ....
3. Sie wollen mit einem Eilzug fahren. Braucht man eine Zuschlagkarte? ....
4. Ihr Hotel ist ein Hotel garni. Hat es ein Restaurant? ....
5. Sie sind im Warenhaus und wollen essen. Wohin geht man? ....
6. Sie wollen parken. Wohin fährt man? ....

* This now only applies to journeys up to 80 kms.

17 Klaus und Ursula in der Konditorei

bei Dr. Fröbel

Ursula: Ach, endlich bin ich fertig. Es waren heute so viele Leute in der Sprechstunde.

Klaus: Was möchten Sie heute abend machen? Wollen wir ins Kino gehen?

Ursula: Oh, ich möchte gern den Film mit Hans Waller sehen. Sie auch?

Klaus: Ja, das können wir machen. Er läuft im Kino an der Ecke. Wissen Sie, wann er beginnt?

Ursula: Es steht sicher in der Zeitung. Warten Sie mal. Die Zeitung von heute muß hier im Wartezimmer liegen.

Klaus: Ach ja. Da ist sie. Wie heißt der Film denn?

Ursula: „Sommer in Wien"

Klaus: Da steht alles: „Sommer in Wien" mit Hans Waller und Irene Sternberg. Der Film beginnt um halb neun. Da haben wir noch viel Zeit. Was wollen wir machen? Haben Sie Hunger?

Ursula: Nur ein bißchen.

Klaus: Kommen Sie. Wir gehen in die Konditorei am Marktplatz und essen etwas. Die Kuchen dort sind viel besser als im Café Heuslinger!

* * *

in der Konditorei

Fräulein am Büfett: Was darf es sein?

Ursula: Ich will mal sehen. Die Kuchen hier sind sehr schön.

Fräulein am Büfett: Möchten Sie Schwarzwälder Kirschtorte? Das ist unsere Spezialität. Oder essen Sie lieber Apfeltorte, Käsekuchen, Streuselkuchen?

Ursula: Sie haben auch Florentiner, Mohrenköpfe und Marzipantorte. Ach, was nehme ich da? Klaus, Sie müssen mir helfen.

Klaus: Essen Sie doch Apfeltorte. Sie ist herrlich. Fräulein, geben Sie der Dame ein Stück Apfeltorte. Mit Sahne, Ursula?

Ursula: Ja, bitte. Aber nur ein bißchen.

Fräulein am Büfett: Und was darf ich dem Herrn geben?

Klaus: Bitte geben Sie mir ein Stück Käsekuchen.

Fräulein am Büfett: Gut. Das Fräulein bringt Ihnen gleich alles an den Tisch . . .

Klaus: Ah, da in der Ecke ist Platz für uns. Kommen Sie. Dort ist es gemütlich. Und jetzt müssen Sie mir alles erzählen.

Ursula: So? Was muß ich dem Herrn Reiseleiter denn erzählen? Sie wollen immer so viel wissen.

Klaus: Wie geht es Ihrem Freund?

Ursula: Ach, Herrn Menke? Danke, es geht ihm gut. Was möchten Sie noch wissen?

Klaus: Sagen Sie mal, Sie waren doch letzte Woche bei uns im Büro, aber ich war nicht da. Wollen Sie wieder eine Reise machen?

Ursula: Ja, ich will im Sommer verreisen.

Klaus: Wohin wollen Sie denn? An die Nordsee oder in die Alpen? Sie fahren doch wieder mit uns, nicht wahr?

Ursula: Ich möchte so gern eine Campingfahrt machen.

Klaus: Allein?

Ursula: Nein! . . . Ah, da kommt das Fräulein schon mit unserem Kuchen.

Klaus: Sehen Sie mal, sie bringt nur einen Teller, aber drei Stück Torte. Das kann nicht für uns sein. Wem bringt sie denn so viel Kuchen?

Ursula: Der Dame dort am Fenster! Sie muß Hunger haben. Und sie ist schon so dick. Klaus, ich esse lieber keine Sahne!

die Konditorei (-en)	pastry shop, confectioner's
endlich	at last
das Kino (-s)	cinema
der Film (-e)	film
die Ecke (-n)	corner
beginnen	to start
die Zeitung (-en)	newspaper
mal	just, once, for once
am	at the
der Marktplatz (¨e)	market place
der Kuchen (-)	cake
besser	better
das Büfett (-s) (*pronounced* 'Büffee')	counter (in café, restaurant, etc.)
sein	to be
die Sahne	cream
gemütlich	cosy
die Nordsee	North Sea
der Teller (-)	plate
die Torte (-n)	tart, flan, gateau
wem	to whom
dick	fat
wollen wir ?	shall we ?
der Film läuft im . . .	the film is on, is showing at the . . .
haben Sie Hunger ?	are you hungry ?
ein bißchen	a little
was darf es sein ?	what would you like ?, can I help you ?
ein Stück Apfeltorte	a piece of apple tart
eine Campingfahrt machen	to go camping

Sie geht in die *Konditorei*

Sie sind in der *Konditorei*

Different kinds of cakes

die Schwarzwälder Kirschtorte	cherry gateau with whipped cream filling and flavoured with *Kirschwasser* (cherry brandy) ; speciality of the Black Forest (*Schwarzwald*)
die Apfeltorte	apple tart
der Käsekuchen	cheese cake
der Streuselkuchen	crumble cake
der Florentiner	florentine
der Mohrenkopf	chocolate meringue filled with cream
die Marzipantorte	rich tart with layers of marzipan

In der Konditorei

eine Konditorei is a pastry shop and confectioner's. There is often a café attached where you can eat delicious cakes, pastries, fruit flans and gateaux with lavish amounts of whipped cream. In many *Konditoreien* you choose your cakes at the counter (*am Büfett*) and are given a numbered chit (*Zettel*). This you give to the waitress who then brings you your order.

danken, geben &c. + dem . . . der

der . . . das change to *dem, die* to *der* with certain verbs implying giving, saying, showing, or conveying something to a person (compare *danken, geben + mir . . . Ihnen*, page 14):

Er dankt *dem* Herr*n*.
He thanks the gentleman.

Er gibt *dem* Fräulein die Rosen.
He gives the roses to the young lady.

Bitte zeigen Sie *der* Frau den Weg!
Please show the woman the way.

Wer hilft *der* Dame?
Who is helping the lady?

The same pattern applies to certain stock phrases (compare *ich—>mir . . . Sie—>Ihnen*, page 10):

Es tut *dem* Herr*n* sehr leid.
The gentleman is very sorry.

Dem Fräulein ist schlecht.
The young lady is feeling sick.

Der Dame ist kalt.
The lady is feeling cold.

Der Frau geht es wieder gut.
The woman is well again.

similarly: *ein—>einem, eine—>einer*; *mein, Ihr, sein, unser, ihr* und *kein* follow the same pattern:

Sie gibt *einem* Herr*n* die Zeitung.
She is giving the newspaper to a gentleman.

Es tut *meinem* Freund sehr leid.
My friend is very sorry.

Er hilft *einer* Dame.
He is helping a lady.

Er bringt *seiner* Frau Blumen.
He brings his wife flowers.

Note: der Herr—>*dem* Herr*n*, ein Herr—>*einem* Herr*n*.

Words like *danken, helfen* are marked (+ *dem*) in the glossary.

in . . . an

When you describe where a thing or person is, *in* and *an* are followed by *dem/der . . . einem/einer* in the same way as *von, zu, bei*, etc. (see pages 18, 30); but when you say where a thing or person is going or moving to, *in* and *an* are followed by *den/die/das . . . einen/eine/ein*:

Where is . . . ?	*Where is . . . going to?*
Er ist *in dem* (*im*) Speisewagen. He is in the restaurant car.	Wir gehen *in den* Speisewagen. We are going into the restaurant car.
Wir bleiben heute *in der* Stadt. We are staying in town today.	Er fährt *in die* Stadt. He is driving into town.
Sie arbeitet *in einem* Restaurant. She works in a restaurant.	Wollen wir *in ein* Restaurant gehen? Shall we go to a restaurant?
Sie wartet *in einer* Konditorei auf mich. She is waiting for me in a pastry shop.	Ich möchte *in eine* Konditorei. I'd like to go to a pastry shop.
Er steht *an dem* (*am*) Fenster. He is standing at the window.	Sie geht *an das* (*ans*) Fenster. She is going to the window.
An der Tankstelle ist Parkverbot. There is no parking at the service station.	Er schiebt das Auto *an die* Tankstelle. He is pushing the car to the service station.
Er steht *an einem* Blumenladen. He is standing at a flower shop.	Wir gehen *an einen* See. We are going to a lake.

Note: *in dem* is usually shortened to *im*, *an dem* to *am*, *in das* to *ins*, *an das* to *ans*.

As elsewhere *mein, Ihr, sein, unser, ihr* and *kein* follow the pattern of *einem/einer . . . einen/eine/ein*.

mal

mal (short for *einmal*, once, one time) is often added to requests and brief statements rather like 'just':

Hören Sie mal!
(Just) listen.

Darf ich mal fragen?
May I just ask?

Ich will mal sehen.
I'll just have a look.

Übungen

a) Put the words in brackets into the correct form where necessary:

1. Ich möchte (Ihr) Frau danken. ....
2. Ich muß (mein) Freund helfen. ....
3. Geben Sie (der) Taxifahrer (mein) Gepäck. ....
4. Ich möchte (die) Dame ein paar Blumen bringen. ....
5. Hat er (sein) Chef nichts gesagt? ....
6. Wie geht es (Ihr) Mann? ....
7. (Das) Fräulein ist schlecht. ....

b) Complete the sentences with the correct form of *der, die, das:*

1. Bitte gehen Sie in ——— Wartezimmer. ....
2. Es steht sicher in ——— Zeitung. ....
3. Ich warte an ——— Postamt auf Sie. ....
4. Der Mantel liegt in ——— Koffer. ....
5. Schicken Sie ein Telegramm an ——— Verkehrsverein in Berlin. ....
6. Ich möchte in ——— Restaurant an ——— Ecke essen. ....
7. An ——— Nordsee ist es herrlich. ....
8. Wollen wir zusammen in ——— Stadt gehen? ....

c) Answer these questions about the text:

1. Wo läuft der Film? ....
2. Wann beginnt er? ....
3. Was bestellt Ursula in der Konditorei? ....
4. Was will Klaus essen? ....
5. Was will Ursula im Sommer machen? ....

Rätsel

Complete the sentences, and the first letters reading downwards will form a sentence.

Er trinkt lieber – – – – als Wein.
Die Zeitung liegt – – Wartezimmer.
Zehn Mark ist zu – – – – –.
Der – – – – – – – – prüft den Reifendruck.
Zehn, – – – , zwölf
Es ist ein – – – – – – – – – – – – – ohne Bad.
Wir wollen – – – Kino gehen.
Fahren Sie – – – – rechts.
Wie – – – – ist es?
Trinken Sie gern – – – ?
Haben Sie die – – – – – – – gemacht?
Im – – – – trinkt man Kaffee.
In der – – – – – – – – – – – ißt man Kuchen.
Das – – – – – – – klingelt.
Herr – – – – !
Es – – – – – –, und ich habe keinen Schirm.
Eine – – – – – Tee.
– – – – – – – – bin ich fertig.

18 Auf der Autobahn nach Hamburg

im Auto

Frl. Koch: Wie weit ist es noch bis Hamburg?

Herr Müller: Ungefähr neunzig Kilometer. Warum fragen Sie? Sind Sie müde?

Frl. Koch: Nein, nein.

Herr Müller: Oder haben Sie Angst, ich habe wieder nicht genug Benzin?

Frl. Koch: Aber nein, Herr Müller. Wissen Sie, der Verkehr macht mich ein bißchen nervös.

Herr Müller: Das kann ich verstehen. Die Leute fahren viel zu schnell. Na, haben Sie das gesehen?

Frl. Koch: Was denn?

Herr Müller: Das Auto dort. Es überholt rechts.

Frl. Koch: Das darf man doch nicht auf der Autobahn.

Herr Müller: Natürlich darf man das nicht. Und der Dummkopf hat nicht einmal ein Zeichen gegeben. Das muß ein Ausländer sein.

Frl. Koch: Es kann so schnell etwas passieren. Sehen Sie mal, was ist denn dort los? Dort steht eine Dame und winkt. Sie braucht sicher Hilfe. Oh, bitte halten Sie!

* * *

auf der Autobahn

Herr Müller: Hallo. Was ist los?

Dame: Bitte, können Sie mir helfen? Ich habe eine Panne. Ich wollte den ADAC anrufen, aber es ist so weit zum Telefon. So etwas muß mir passieren! Das Auto darf doch nicht auf der Autobahn bleiben.

Herr Müller: Wir schieben es auf den Parkplatz.

Dame: Nein, das ist auch zu weit. Sehen Sie, da steht „Parkplatz 1 Kilometer". Verstehen Sie etwas von Autos?

Herr Müller: Nicht viel. Aber vielleicht kann ich Ihnen doch helfen.

Dame: Warten Sie. Ich mache die Motorhaube auf.

Herr Müller: Entschuldigen Sie. Das ist der Kofferraum. Bei Ihrem Auto ist der Motor doch hinten.

Dame: Ach so, ja! Stimmt. Da muß ich hinten aufmachen.

Herr Müller: Darf ich mal sehen . . . Aha! Der Motor läuft . . . er läuft nicht mehr. Die Zündkerzen sind vielleicht nicht in Ordnung oder der Vergaser oder der Verteiler . . .

Frl. Koch: Schnell. Dort fährt die ADAC-Straßenwacht. Winken Sie! Ach, warum hat der Mann nicht gehalten? Hat er uns denn nicht gesehen?

Dame: Na, so etwas! Der ADAC-Mann hält nicht einmal.

Frl. Koch: Oh doch, er kommt zurück. Sehen Sie! . . .

ADAC-Mann: Guten Tag. Na, was ist kaputt?

Dame: Das möchten wir auch gern wissen. Der Motor läuft nicht.

ADAC-Mann: Wir wollen mal sehen. Haben Sie noch genug Benzin?

Dame: Ja, sicher.

ADAC-Mann: Vielleicht ist die Zündung nicht in Ordnung. Aha! Das Zündkabel ist los. Da kann kein Motor laufen . . . So. Jetzt läuft er wieder schön.

Dame: Das haben Sie schnell gemacht! Vielen Dank.

ADAC-Mann: Nichts zu danken. Auf Wiedersehen. Gute Fahrt! . . .

Dame: Und wie kann ich Ihnen für Ihre Hilfe danken?

Herr Müller: Bitte schön. Wir haben Ihnen gern geholfen. Darf ich einen Vorschlag machen? Wir fahren zur Raststätte und essen etwas. Sie ist nur ein paar Kilometer von hier. Kommen Sie doch mit uns!

Dame: Wie nett von Ihnen! Ich komme gern.

auf	on, onto
die Autobahn(-en)	motorway
der/das Kilometer(-)	kilometre
die Angst(¨e)	fear
genug	enough
nervös	nervous
verstehen	to understand
überholen	to overtake
das Zeichen(-)	sign
passieren	to happen
winken (gewinkt)	to wave
die Hilfe	help
halten (hält, gehalten)	to stop
die Panne(-n)	breakdown (of car)
an|rufen	to ring up
hinten	at the back
die Straßenwacht	road patrol
zurück|kommen	to come back
los	loose
die Raststätte(-n)	motorway restaurant or hotel
haben Sie Angst?	are you afraid?
nicht einmal	not even
ich habe eine Panne	my car has broken down
nichts zu danken	don't mention it
gute Fahrt!	have a good (car) trip

Parts of the car

die Motorhaube(-n)	bonnet
der Kofferraum(¨e)	boot
die Zündkerze(-n)	sparking plug
der Vergaser(-)	carburettor
der Verteiler(-)	distributor
die Zündung(-en)	ignition
das Zündkabel(-)	ignition cable
die Batterie(-n)	battery

die Notrufsäule

Der ADAC

Der ADAC (*Allgemeiner Deutscher Automobil-Club*) is the German motoring association. It has reciprocal arrangements with the AA and RAC, and members of one can call on the help of the other. The *ADAC-Straßenwacht* with its yellow cars patrols the motorways and major roads, and will help any motorist in trouble whether he belongs to the *ADAC* or not. This service is free of charge Only spare parts and materials have to be paid for. On motorways there is an emergency telephone (*Notrufsäule*) about every 2 kilometres where you can call for help.

auf

auf (on, onto) follows the pattern of *in* and *an* (see page 34). It is followed by *dem/der . . . einem/einer* when describing where a person or thing is located; but when describing where a thing or person is moving to it is followed by *den/die/das . . . einen/eine/ein*:

Where is . . . ?	*Where is . . . going to?*
Der Schlüssel liegt *auf dem* Tisch.	Sie geht *auf den* Marktplatz.
The key is lying on the table.	She is going to the market place.
Das Auto steht *auf der* Straße.	Er geht *auf die* Straße.
The car is standing in the street.	He goes into the street.
Der Mantel liegt *auf einem* Stuhl.	Tun Sie den Mantel *auf einen* Stuhl.
The coat is lying on a chair.	Put the coat on a chair.
Er ist *auf einer* Tagung.	Ich gehe *auf eine* Tagung.
He is at a conference.	I am going to a conference.

As elsewhere *mein, Ihr, sein, unser, ihr* and *kein* follow the pattern of *einem/einer . . . einen/eine/ein*. Note: *warten auf* is always followed by *den/die/das . . . einen/eine/ein* (see page 26).

sehen⟶gesehen . . . halten⟶gehalten

A group of verbs have the form *ge – – – en* (instead of *ge – – – t*) when they refer to the past (compare *sagen⟶gesagt . . . fragen⟶gefragt,* page 22):

sehen	ich habe gesehen	er, sie, es hat gesehen	wir haben gesehen
to see	I have seen, saw	he, she, it has seen, saw	we have seen, saw
	Sie haben gesehen	sie haben gesehen	
	you have seen, saw	they have seen, saw	

As with *gesagt, gefragt,* etc. the *ge – – – en* form comes at the end of the sentence:

Ich habe es nicht *gesehen.*	Der Bus hat nicht einmal *gehalten.*
I haven't seen it (didn't see it).	The bus didn't even stop.

Other verbs of this pattern used so far (note some change the vowel and sometimes consonants):

essen	ge*g*essen	liegen	gelegen	sprechen	gespr*o*chen
finden	gef*u*nden	nehmen	gen*omm*en	stehen	gest*and*en
geben	gegeben	schieben	gesch*o*ben	tragen	getragen
heißen	geheißen	schlafen	geschlafen	trinken	getr*u*nken
helfen	geh*o*lfen	schneiden	geschn*itt*en	tun	get*a*n
lesen	gelesen	schreiben	geschr*i*eben		

New verbs of this type will have the *ge – – – en* form indicated in brackets in the word lists.

zurückkommen . . . aufmachen

Many verbs are made up of two parts. These two parts sometimes separate and the first part goes to the end of the sentence:

Wann kommen Sie *zurück*?	Bitte kommen Sie morgen *zurück*!
When are you coming back?	Please come back tomorrow.
Ich mache die Motorhaube *auf.*	Bitte machen Sie die Flasche *auf*!
I'll open the bonnet.	Please open the bottle.

But after *möchte(n), wollen, können, müssen, dürfen* the two parts remain joined and the whole verb comes at the end of the sentence:

Wann wollen Sie *zurückkommen*?	Darf ich das Fenster *aufmachen*?
When do you want to come back?	May I open the window?

Other verbs of this type used so far (marked with a downstroke to show where they separate):

an|rufen   aus|füllen   kennen|lernen   voll|tanken   vor|stellen

Übungen

a) Re-write these sentences and put the word in brackets into its correct form where necessary:

1. (Aufmachen) Sie die Motorhaube! ....
2. (Ausfüllen) Sie das Formular! ....
3. Er möchte Ihre Frau gern (kennenlernen). ....
4. Ich (vorstellen) Ihnen die Dame. ....
5. Er (anrufen) seinen Freund. ....

b) Re-write these sentences so that they refer to the present:

1. Wir haben etwas gegessen und getrunken. ....
2. Der ADAC-Mann hat uns gleich geholfen. ....
3. Haben Sie meinen Brief gelesen? ....
4. Das Adreßbuch hat auf dem Tisch gelegen. ....
5. Er hat mit meinem Chef gesprochen. ....

c) Complete the sentence with the correct form of the word in brackets:

1. Wir warten in ——— Raststätte (die). ....
2. Meine Tasche liegt auf ——— Stuhl (der). ....
3. Sie arbeitet in ——— Erfrischungsraum (ein). ....
4. Auf ——— Autobahn ist viel Verkehr (die). ....
5. Fahren Sie doch auf ——— Parkplatz! (der) ....

d) Answer these questions about the text:

1. Versteht Herr Müller etwas von Autos? ....
2. Wohin will er das Auto schieben? ....
3. Kommt die ADAC-Straßenwacht und hilft der Dame? ....
4. Was ist am Auto kaputt? ....
5. Wohin geht Herr Müller mit der Dame? ....

Silbenrätsel

The clues below will help you to make up words from these syllables. The third letters reading downwards will tell you where to telephone if your car breaks down on a motorway.

au – bahn – blond – blu – bus – den – fahrt – fen – fer – flug – fon – for – fräu – ha – kof – la – lar – le – le – lein – men – mer – mu – num – stel – tank – te – to – wart

1. Der ——— prüft den Ölstand. ....
2. Die Dame ist ——— und schlank. ....
3. Die Leute fahren zu schnell auf der ———. ....
4. Sie müssen das ——— ausfüllen. ....
5. Auf dem ——— sind viele Flugzeuge. ....
6. Ist das Ihr Gepäck? Ein ——— und eine Tasche? ....
7. Die ——— nach München war schön. ....
8. Das ——— bringt Ihnen die Kuchen. ....
9. Im ——— kauft man Blumen. ....
10. Ich möchte mit ihm telefonieren. Haben Sie seine ——— ? ....
11. Sie hat eine ——— bei einem Zahnarzt. ....

19 Herr Müller und Fräulein Koch in Hamburg

im Auto

Herr Müller: Jetzt sind wir gleich in der Stadt. Dort sieht man schon den Michel.

Frl. Koch: Den Michel?

Herr Müller: Ja, so nennt man die Michaeliskirche. Fräulein Koch, Sie arbeiten in einem Reisebüro und wissen das nicht? Der Michel ist so bekannt wie die Frauenkirche in München oder wie die Tower-Bridge in London.

Frl. Koch: Ach, richtig. . . . Oh, da ist ja schon die Elbe.

Herr Müller: Und dort sehen Sie den Hamburger Hafen mit den Schiffen. Am Donnerstagmorgen haben Sie frei. Da müssen Sie eine Rundfahrt machen . . . Wo ist denn unser Stadtplan? Ich weiß den Weg zum Hotel nicht. Können Sie mal nachsehen?

Frl. Koch: Einen Moment. Ich sehe gleich nach. Jetzt sind wir an der Elbe. Dann müssen Sie geradeaus weiterfahren.

Herr Müller: Ja, richtig. Da steht „Hamburg Stadtmitte". Aber hier ist schrecklich viel Verkehr. Wir müssen doch vor neun im Hotel sein. Ich habe eine Verabredung mit Herrn Eckert. Wissen Sie was? Ich biege nach links ab. Dann kommen wir vielleicht schneller zum Hotel.

Frl. Koch: Herr Müller, Sie fahren falsch. Sie müssen zurück.

Herr Müller: Zum Donnerwetter! Da muß ich schnell wenden.

Frl. Koch: Vorsichtig! Da kommt ein Bus . . .

Polizist: Was machen Sie denn da?

Herr Müller: Ich wollte wenden.

Polizist: Das dürfen Sie doch nicht in einer Einbahnstraße.

Herr Müller: Was? Das ist eine Einbahnstraße? Oh, ich habe das Schild nicht gesehen.

Polizist: Aber so etwas müssen Sie sehen. Woher sind Sie denn? Ah, aus Ansburg. Immer diese Ansburger! Zeigen Sie mir mal Ihren Führerschein. Danke. Er ist in Ordnung. Aber jetzt fahren Sie weiter!

Herr Müller: Entschuldigen Sie, Herr Wachtmeister. Aber ich weiß den Weg nicht.

Polizist: Wohin wollen Sie denn? Zur Reeperbahn?

Herr Müller: Nein, zum Parkhotel an der Alster. Bin ich da richtig?

Polizist: Fahren Sie ein Stück weiter. Dann kommen Sie an den Bahnhof, und dort biegen Sie nach rechts ab.

Herr Müller: Danke schön für die Auskunft.

Polizist: Viel Vergnügen in Hamburg! Aber fahren Sie vorsichtiger!

* * *

im Parkhotel

Herr Müller: Guten Abend, Herr Eckert. Entschuldigen Sie. Ich komme etwas spät. Wir haben einer Dame auf der Autobahn geholfen. Sie hat eine Panne gehabt.

Herr Eckert: Sie helfen den Damen doch immer gern. Ich kenne Sie . . . Ach, viele Grüße von meiner Frau und auch von Frau Bender. Sie war gestern bei uns.

Herr Müller: Wie geht es den Damen?

Herr Eckert: Danke, es geht ihnen gut. Meine Frau verreist morgen mit Freunden.

Herr Müller: Mit Frau Bender?

Herr Eckert: Nein, nein. Sie bleibt noch bis Sonntag in Berlin . . .

Herr Müller: Sagen Sie, Herr Eckert, haben Sie schon zu Abend gegessen?

Herr Eckert: Ja. Sie noch nicht?

Herr Müller: Doch. Wir waren in einer Raststätte und haben sehr gut gegessen: Aal mit grüner Soße und Rote Grütze. . . . Ja, dann können wir jetzt ein bißchen ausgehen.

Herr Eckert: Gern, aber wir müssen doch noch geschäftlich sprechen.

Herr Müller: Das machen wir morgen. In Hamburg geht man abends aus!

die Kirche(-n)	church
bekannt	well-known
richtig	(quite) right, correct(ly)
der Hafen(¨)	port, harbour
das Schiff(-e)	ship
nach|sehen (sieht nach)	to look up, check
weiter|fahren (fährt weiter)	to drive on, continue
die Stadtmitte	town centre
die Verabredung(-en)	appointment
ab|biegen	to turn off
falsch	wrong, the wrong way
wenden (gewendet)	to turn round, make a U-turn
vorsichtig	careful(ly)
der Polizist(-en)	policeman
das Schild(-er)	(road) sign
der Führerschein(-e)	driving licence
der Wachtmeister(-)	police constable
der Bahnhof(¨e)	station
gestern	yesterday
der Sonntag(-e)	Sunday
aus|gehen	to go out
so ... wie	as ... as
Sie haben frei	you are off
zum Donnerwetter!	confound it
bin ich da richtig?	am I on the right way?
viel Vergnügen!	have a good time
viele Grüße von ...	kind regards from ...
zu Abend essen	to have supper
Aal mit grüner Soße	poached eel in dill sauce
Rote Grütze	sweet made with semolina or sago and red fruit juice

„der Michel"

Things to see in Hamburg

die Michaeliskirche	baroque church, symbol of Hamburg; splendid view of the town from the top; nearby are narrow streets with typical old houses.
die Elbe	the port of Hamburg lies along this river; downstream is a pleasant residential area, with riverside cafés and beer gardens; further down is *Blankenese*, a popular centre for excursions.
der Hafen	one of the biggest and most modern inland ports in Europe.
die Alster	this river forms two lakes in the middle of the town: the *Außen-Alster*, the larger of the two, lined by residential districts and open spaces and used for sailing, and the *Binnen-Alster* lined by smart shops, offices and cafés; water buses operate on both lakes.
die Reeperbahn	a wide avenue in the *St. Pauli* district of Hamburg, famous for its night life, with everything from theatres, casinos, amusement arcades, night clubs, cabarets, dance halls to restaurants and shops; there is also the 'Starclub' where the Beatles were first discovered; it is best to go to *St. Pauli* with someone who knows his way around.
das Rathaus	fine Renaissance-style town hall, built only 70 years ago to replace the old one burnt down in 1842, the year of the great fire of Hamburg.
der Fischmarkt	a kind of flea and fish market combined, open on Sundays in the early morning; in the nearby pubs and cafés traditional onion soup is served.

Herr Wachtmeister

It is polite to call a police officer *Herr Wachtmeister* (constable) in the same way as others serving the public are often addressed as *Herr . . .*, e.g. *Herr Ober, Herr Schaffner*.

der Hamburger Hafen

You can add *-er* to the name of most towns to describe what belongs to, or is part of it:

Das ist der Hamburg*er* Hafen.
That is the port of Hamburg.

Das ist der Köln*er* Dom.
That is Cologne cathedral.

or to make a noun meaning a native of that town:

Er ist London*er*.
He is a Londoner.
Note: *ein* is omitted.

Die Berlin*er* sind nett.
The Berliners are nice.

sie⟶ihnen

ihnen (to them) follows the pattern of *mir . . . Ihnen . . . ihm . . . ihr*, etc. (see pages 10, 14, 22, 26):

with certain verbs:

Ich habe *ihnen* den Brief gegeben.
I gave them the letter.

Er hilft *ihnen* immer.
He always helps them.

with certain stock phrases:

Wie geht es *ihnen*?
How are they?

Es tut *ihnen* leid.
They are sorry.

after *von, zu, bei, mit, nach:*

Das ist ein Bild *von ihnen.*
That is a picture of them (of theirs).

Wir gehen *zu ihnen.*
We are going to them.

Wohnt er *bei ihnen*?
Is he staying with them (at their place)?

Ich fahre *mit ihnen.*
I am going with them.

die (*plural*)**⟶den**

die before the plural of nouns changes to *den* in the same way as *der/das⟶ dem* and *die⟶ der* (see pages 18, 34, 38). Nouns after *den* add *-n*, except those which have *-s* or *-n* in the plural:

with certain verbs:

Er hilft *den* Männer*n*.
He helps the men.

Ich schicke *den* Damen Blumen.
I'll send flowers to the ladies.

with certain stock phrases:

Wie geht es *den* Männer*n*?
How are the men?

Den Damen geht es gut.
The ladies are well.

after *von, zu, bei, mit, nach:*

Er steht *bei den* Autos.
He is standing next to the cars.

Ich gehe *mit den* Briefe*n* zum Postamt.
I am going to the post office with the letters.

after *in, an, auf* when you describe where a thing or person is:

In den Städte*n* gibt es viel zu sehen.
There is a lot to see in the towns.

Auf den Straßen ist viel Verkehr.
There is a lot of traffic on the roads.

Sonntag, Montag . . .

Sonntag	Montag	Dienstag	Mittwoch	Donnerstag	Freitag	Samstag oder Sonnabend
Sunday	Monday	Tuesday	Wednesday	Thursday	Friday	Saturday

am Sonntag	am Montag . . .	am Sonntagmorgen	am Montagabend . . .
on Sunday	on Monday . . .	on Sunday morning	on Monday evening . . .

Übungen

a) Complete these sentences:

1. Ich bin aus Frankfurt; ich bin ———. ....
2. Der Herr ist aus Bonn; er ist ———. ....
3. Das ist der Stadtplan von London; das ist der ——— Hafen. ....
4. Diese Leute sind aus Berlin; sie sind ———. ....
5. Das ist Hamburg; hier sehen Sie das ——— Rathaus. ....

b) Re-write these sentences with *so . . . wie* (e.g. Die Alster ist schöner als die Elbe. – Die Alster ist so schön wie die Elbe.)

1. Der Zug fährt schneller als das Auto. ....
2. Die Rosen sind schöner als die Nelken. ....
3. Der Wecker klingelt lauter als das Telefon. ....
4. Die Konditorei ist gemütlicher als das Café. ....
5. Diese Torte ist besser als in der Konditorei. ....

c) Put the words in brackets into the correct form where necessary:

1. Ich wollte mit (sie) ins Kino gehen. ....
2. Haben Sie den Hafen mit (die Schiffe) gesehen? ....
3. In (die Hotels) in der Stadt ißt man gut. ....
4. Gehen Sie mit (die Pakete) zum Postamt. ....
5. Ich möchte (sie) für ihre Hilfe danken. ....
6. Er hat (die Leute) geholfen. ....

d) Answer these questions about the text:

1. Wie nennt man die Michaeliskirche? ....
2. Wo will Herr Müller wenden? ....
3. Wer fragt nach seinem Führerschein? ....
4. Mit wem hat Herr Müller eine Verabredung? ....
5. Wann muß er im Hotel sein? ....
6. Wo hat er zu Abend gegessen? ....

Spot-the-mistake quiz

Finden Sie den Fehler:

1. Hier steht Parkverbot. Hier dürfen Sie parken.
2. Das ist ein TEE-Zug. Sie brauchen keine Zuschlagkarte.
3. Die Michaeliskirche ist in Frankfurt.
4. Das Hamburger Rathaus ist sehr alt.
5. Morgen habe ich keine Zeitung gekauft.
6. Die Zündung ist in Ordnung. Das Zündkabel ist los.
7. Im Sommer ist es kalt.
8. Warum gehen Sie nicht mit dem Auto?
9. Ein Liter Benzin kostet achtundfünfzig Pfennig. Fünfzehn Liter kosten acht Mark achtzig.
10. Schicken Sie den Brief nach Berlin. Die Postleitzahl ist zwei.

20 Fräulein Koch hat frei

auf dem Schiff

Fremdenführer: Gleich beginnt unsere Hafenrundfahrt. Meine Damen und Herren, Sie machen eine Weltreise, und sie kostet nur 3 Mark.

Frl. Koch: Bin ich hier richtig für die Hafenrundfahrt?

Fremdenführer: Sicher. Kommen Sie an Bord! Sind Sie ganz allein? Na, so etwas! Gehen Sie ins Restaurant. Dort können Sie alles gut sehen. Sie können auch draußen sitzen, aber dort zieht es. Wollen die zwei Herren auch mit uns fahren?

Student: Ja. Ist noch Platz auf dem Schiff?

Fremdenführer: Im Restaurant sind noch ein paar Plätze frei ... Bitte schön, meine Damen und Herren. Es geht los! Haben Sie schon etwas zu trinken bestellt? Wir sind hier nicht auf dem Trockendock!

Student: Jetzt fängt er schon mit seinen Witzen an! Ulrich, wollen wir draußen sitzen? Dort ist ein Mädchen ganz allein.

Ulrich: Das Mädchen mit dem Schal? Sie sieht nett aus.

Fremdenführer: Dort, meine Damen und Herren, sehen Sie die Kais mit den Werften. Und da hinten liegen Frachter – Frachter aus England, aus Mexiko, aus Japan, aus China, und so weiter ...

Student: Vorsichtig! Sie verlieren Ihren Schal.

Frl. Koch: Oh, vielen Dank. Das habe ich nicht gesehen.

Student: Es ist schön hier draußen, nicht wahr?

Frl. Koch: Ja, herrlich.

Ulrich: Sind Sie allein hier?

Frl. Koch: Nein, ich bin mit ... mit meinen Freunden hier.

Ulrich: Aha! Gefällt Ihnen Hamburg?

Frl. Koch: Ja, sehr gut. Mir gefällt die Stadt viel besser als, zum Beispiel, Köln.

Ulrich: Oh, sagen Sie das nicht so laut. Mein Freund ist aus Köln.

Frl. Koch: Entschuldigen Sie. Das habe ich natürlich nicht gewußt.

Student: Natürlich nicht. Aber Sie haben recht. Bei uns gibt es kein St. Pauli. Waren Sie schon dort mit Ihren Freunden?

Frl. Koch: Wo? In St. Pauli? Nein. Meine Freunde haben keine Zeit, und allein kann man doch nicht nach St. Pauli.

Ulrich: Da müssen Sie heute abend mit uns ausgehen ...

* * *

auf der Reeperbahn

Jürgen: Ah, man hört schon Musik – „Auf der Reeperbahn nachts um halb eins" Das Lied kennen Sie doch?

Frl. Koch: Ja, natürlich. Es ist ja so bekannt.

Ulrich: Wohin wollen wir gehen? Jürgen, so heißt mein Freund, kennt die Reeperbahn gut. Haben Sie Musik gern?

Frl. Koch: Ja, sehr gern.

Jürgen: Wollen wir ein bißchen tanzen? Dann gehen wir ins „Spanferkel". Dort ist immer viel los.

Ulrich: Heute abend sind viele Matrosen auf der Straße.

Frl. Koch: Ja, sie sind sehr laut. Sie haben sicher zuviel getrunken.

Jürgen: Aber nein. Haben Sie keine Angst! Es passiert nichts.

Matrose: Na, Fräulein, wollen wir tanzen gehen?

Jürgen: Lassen Sie die Dame!

Matrose: Wir sind in Hamburg. Da geht man mit den Mädchen tanzen. Kommen Sie, Fräulein!

Jürgen: Lassen Sie die Dame, oder ich . . .

Matrose: Na, na. Es war doch nur ein Witz! . . . .

Frl. Koch: Ach, ich möchte lieber wieder ins Hotel zurück.

Jürgen: Nein, nein. Jetzt gehen wir ins „Spanferkel". Es gefällt Ihnen sicher. Dort sind keine Matrosen. Kommen Sie! Man hört schon die Musik.

der Fremdenführer(-)	guide
die Hafenrundfahrt(-en)	trip round the harbour
die Weltreise(-n)	trip round the world
ganz	quite, entire(ly)
sitzen (gesessen)	to sit
der Student(-en)	student
das Trockendock(-s)	dry dock
an|fangen (fängt an)	to start
der Witz(-e)	joke
das Mädchen(-)	young girl
der Schal(-s)	scarf
aus|sehen (sieht aus)	to look (nice, serious, etc.)
der Kai(-s)	quay
die Werft(-en)	shipyard
der Frachter(-)	freighter
verlieren	to lose
gefallen (gefällt)	to like, please
die Musik	music
nachts	at night
das Lied(-er)	song
der Matrose(-n)	sailor
zuviel	too much
lassen (läßt, gelassen)	to leave, let
kommen Sie an Bord!	come on board
es geht los	we are off
und so weiter (usw.)	and so on (etc.)
zum Beispiel (z.B.)	for example (e.g.)
Sie haben recht	you are right

die Reeperbahn

Eine Hafenrundfahrt ist eine Weltreise!

Hamburg is the 4th biggest port in Europe, famous for its quick turn round. (It is often referred to as *ein Schnellhafen.*) Its quays total some 36 miles and its area is about 60 times that of Monaco. There are citizens of almost every country living and working in Hamburg, the most polyglot community in Germany. Hamburg is proud of its maritime importance, and many men, not in any way connected with the sea or ships, wear the peaked sailor's cap (*die Schiffermütze*) as normal headgear.

meine (*plural*) ⟶ **meinen**

meine with the plural of nouns changes to *meinen* in the same way as *die* (pl.) ⟶ *den* (see page 42); *Ihr, sein, unser, ihr* and *kein* follow the same pattern:

with certain verbs:

Ich helfe *meinen* Studenten immer.	Ich gebe *Ihren* Freunden die Adresse.
I always help my students.	I'll give your friends the address.

with certain stock phrases:

Es geht *seinen* Freunden sehr gut.	Es tut *unseren* Freundinnen leid.
His friends are very well.	Our (girl) friends are sorry.

after *von, zu, bei, mit, nach:*

Er wohnt *bei seinen* Freunden.	Sie kommen *mit ihren* Autos.
He is staying at his friends.	They are coming in their cars.

after *in, an, auf* when you describe where a thing or person is:

In unseren Städten ist viel Verkehr.	*Auf seinen* Briefen steht kein Absender.
There is a lot of traffic in our towns.	There is no sender's address on his letters.

gefallen

gefallen means 'to like' in the sense of 'to please, give pleasure to'. It follows the pattern of *helfen, danken,* i.e. it is used with *mir . . . Ihnen* etc., *dem/der . . . einem/einer,* etc. and *den/meinen:*

Es gefällt *mir* hier.	Wie gefällt *Ihnen* die Stadt?
I like it here.	How do you like the town?
(i.e. it gives me pleasure here.)	(i.e. in what way does the town please you?)
Der Mantel gefällt *dem* Herrn nicht.	Der Film hat *meinen* Freunden nicht gefallen.
The gentleman doesn't like the coat.	My friends didn't like the film.
(i.e. it is not pleasing to the gentleman.)	(i.e. it did not please my friends.)

gefallen . . . gern haben

gefallen implies 'making a pleasant impression':

Hamburg gefällt uns.	Dieses Zimmer gefällt mir nicht.
We like Hamburg. (i.e. it pleases us.)	I don't like this room. (i.e. it doesn't please me.)

gern haben suggests 'being fond of something or someone':

Ich habe Musik sehr gern.	Sie hat meinen Freund gern.
I like music very much. (i.e. I am very fond of it.)	She likes my friend. (i.e. she is fond of him.)

gern + any other verb means 'to like doing something':

Tanzen Sie gern?	Ich trinke gern Kaffee.
Do you like dancing?	I like (drinking) coffee.

erzählen ⟶ erzählt . . . telefonieren ⟶ telefoniert

When *erzählen, telefonieren* are used with *habe – hat – haben* to refer to the past, *erzählen* changes to *erzählt, telefonieren* to *telefoniert,* i.e. there is no *ge-:*

Habe ich Ihnen alles *erzählt*?
Did I tell you everything?

Wir haben noch nicht *telefoniert*.
We haven't phoned yet.

Verbs which follow this pattern begin with *be-*, *ent-*, *er-*, *ver-*, *zer-*, sometimes *über-*, or they end in *-ieren*. They are not stressed on the 1st syllable (the stress is indicated in the word lists with a dot). Those which have occurred so far:

bestẹllen bestẹllt   diktịeren diktịert   überhọlen überhọlt

Verbs of this type will have the – – – *t* form indicated in brackets in the word lists.

Übungen

a) Put the words in italics into the plural:

1. Er hat mir von *seiner Reise* erzählt. ....
2. Gehen Sie doch mit *dem Herrn* ins Kino. ....
3. Viele Grüße von *meinem Freund*. Es geht *ihm* gut. ....
4. Wie gefallen *ihm* die Zimmer? ....
5. Ich möchte *der Dame* danken und *ihr* Blumen geben. ....
6. Haben Sie schon nach *Ihrem Koffer* gefragt? ....
7. In *der Konditorei* können Sie Kuchen essen. ....
8. Man gibt Ihnen gern Auskunft in *uns(e)rem Reisebüro*. ....

b) Re-write these sentences so that they refer to the past:

1. Er schläft gut. ....
2. Warum überholen Sie das Auto? ....
3. Sein Auto steht an der Ecke. ....
4. Die Dame telefoniert mit dem Reisebüro. ....
5. Ich lese die Zeitung. ....
6. Wann schreiben Sie an das Hotel? ....
7. Ich trinke zwei Tassen Kaffee. ....

c) Re-write these sentences beginning with the words in brackets:

1. Ich gehe gern aus. (Ich möchte). ....
2. Er stellt mir seine Frau vor. (Er will). ....
3. Wir fahren geradeaus weiter. (Wir können). ....
4. Sie sieht auf dem Stadtplan nach. (Sie wollte). ....
5. Ich fülle das Formular aus. (Ich muß). ....
6. Machen Sie die Flasche auf? (Dürfen Sie). ....

d) Answer these questions about the text:

1. Was kostet die Hafenrundfahrt? ....
2. Wer ist das Mädchen mit dem Schal? ....
3. Wo sitzt sie? ....
4. Mit wem geht sie abends aus? ....
5. Wohin geht sie mit den zwei Herren? ....
6. Kann man dort tanzen? ....

Revision Exercises

a) Re-write these sentences so that they refer to the present:

1. Er hat eine Busfahrt nach Wien gemacht. ....
2. Warum haben Sie kein Telegramm geschickt? ....
3. Wir haben im Hotel gefrühstückt. ....
4. Es hat alles in der Zeitung gestanden. ....
5. Ich habe gleich an das Hotel geschrieben. ....
6. Sie hat ein Stück Torte mit Sahne bestellt. ....
7. Wo haben Sie auf uns gewartet? ....
8. Wann haben Sie ihm das Paket gegeben? ....
9. Ich habe bei meinen Freunden gewohnt. ....
10. Woher haben Sie das gewußt? ....
11. Haben Sie ihren Mann nicht gekannt? ....

b) Replace the words in italics with *ihm, ihr,* or *ihnen*.

1. Der Herr fährt mit *der Dame* zum Flughafen. ....
2. Es geht *unseren Freunden* sehr gut. ....
3. Er hat *meiner Frau* alles erzählt. ....
4. Zeigen Sie *dem Herrn* den Weg! ....
5. Sie wohnt bei *ihrer Mutter*. ....
6. Er spricht mit *den Ausländern*. ....
7. Sie fährt mit *ihrem Chef* nach Hamburg. ....
8. Gehen Sie zu *meinem Zahnarzt*. ....
9. Gefällt *unseren Hörern* das Programm? ....
10. Er diktiert *seiner Sekretärin* einen Brief. ....

c) Put the words in brackets into the correct form where necessary:

1. Es ist noch Kaffee in (die) Tasse. ....
2. Wollen wir in (ein) Blumenladen gehen? ....
3. Meine Freundin arbeitet jetzt bei (ein) Zahnarzt. ....
4. Sehen Sie die Dame dort an (das) Fenster? ....
5. Ich warte auf (der) Zug aus Hamburg. ....
6. Wir wollen in (die) Stadt fahren. ....
7. Schicken Sie den Brief an (der) Verkehrsverein. ....
8. Mein Auto steht auf (der) Parkplatz. ....

d) Write out the answer in full:

1. achtundzwanzig + sieben = ...
2. siebenundsiebzig + einundzwanzig = ...
3. dreiunddreißig + neunzehn = ...
4. fünfundsechzig + siebenundzwanzig = ...
5. neunundfünfzig + zwölf = ...

Kreuzworträtsel

waagerecht

1. Es ist acht; wir wollen zu ——— ———
9. Wo ist der Koffer? ——— ——— im Taxi.
10. Wollen wir ins ——— gehen und Kaffee trinken?
11. Im ——— zieht es.
14. Eine ———, zwei Silben . . .
15. Der ——— ist nicht weit von München.
17. ——— ——— hier viel zu sehen.
19. Der Taxi——— ist im Taxi.
22. Wie spät ist ———?
23. Auf den ——— ist viel Verkehr.
24. Es steht nicht ——— der Zeitung.
25. und so weiter.
26. mit 22 senkrecht: Woher ——— ——— ———?
29. Ich ——— das Adreßbuch nicht.
30. mit 3 senkrecht: Läuft der Motor? Nein, ——— ——— ———.
31. Fahren Sie ——— oder morgen?
32. Ich habe ——— ein Stück gegessen.
33. Er war ——— Woche da.

senkrecht

2. ——— schön.
3. (*see 30 across*)
4. Um ——— sehen wir das Glockenspiel.
5. ach ———.
6. ——— ——— ———? Nein, es regnet nicht.
7. Gehen Sie in ——— ——— essen!
8. Der Wecker ist nicht teuer. Er ist ———.
12. Seine Frau ist jünger ——— ———.
13. Ich kann den Stadtplan nicht finden. Wo ist ———?
16. ein ——— Bier.
18. Herr Ober, ich möchte ———.
20. In Hamburg müssen Sie eine Hafen——— machen.
21. Ist ——— ——— frei? Ja, bitte nehmen Sie Platz.
22. (*see 26 across*).
25. Er kommt um acht, nicht ——— ———.
27. Wir fahren an die Nord———.
28. ——— ——— mir sehr leid.

ß is written *ss*.

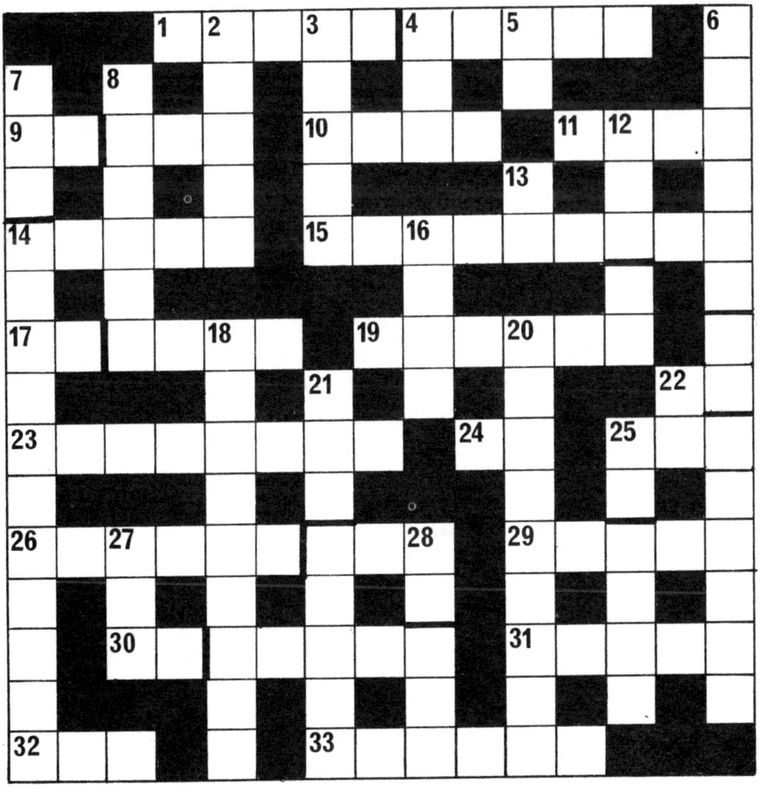

Key to Exercises and Puzzles

11

a) 1. mir 2. mir 3. Ihnen – mir 4. Ihnen 5. Ihnen 6. mir 7. Ihnen 8. Ihnen.

b) 1. viele 2. viel 3. viel 4. viele 5. viele 6. viel 7. viel 8. viel 9. viel 10. viele.

c) 1. Ja, Herr Müller ist gern in Berlin. 2. Frau Eckert möchte Herrn Eckert sprechen. 3. Nein, Herr Müller kann nicht (sehr) lange in Berlin bleiben. 4. Ja, Fräulein Werner trinkt einen Schnaps. 5. Frau Eckert möchte Herrn Müller kennenlernen. 6. Fräulein Werner will (schon) um drei (Uhr) nach Hause gehen.

Puzzle: In Berlin gibt es viel zu sehen.

12

a) 1. Ist das (k)ein Bild von Ihnen? 2. Hilft er Ihnen (nicht)? 3. Gibt er Ihnen (keine) Blumen? 4. Wann kommt sie zu Ihnen? 5. Wie geht es Ihnen?

b) 1. Warum hilft er mir nicht? 2. Ich muß Ihnen etwas erzählen. 3. Wieviel Stück können Sie mir geben? 4. Ich danke Ihnen. Das war sehr nett von Ihnen. 5. Gleich gibt er Ihnen den Schlüssel.

c) 1. Wo waren Sie? Ich war im Büro. 2. Er war lange da. Seine Freunde waren auch da. 3. Er wollte mir ein paar Blumen geben. 4. Die Damen wollten mir helfen. 5. Es war schön in Berlin. 6. Ich wollte Sie etwas fragen.

d) 1. Herr Müller nimmt fünfzehn Osterglocken. 2. Die Osterglocken kosten zwanzig Pfennig das Stück. (Die Osterglocken kosten drei Mark.) 3. Die Freundin von Frau Eckert ist Frau Bender. (Frau Bender ist die Freundin von Frau Eckert.) 4. Die Bowle ist herrlich. (Die Bowle ist schön kalt.) 5. Frau Bender will das Rezept für die Bowle.

Puzzle: Ober, sind, Tisch, etwas, Rosen, Grüß, leid, Ober, -Center, kann, essen, nach.

13

a) 1. ja 2. doch 3. doch 4. doch 5. ja 6. doch.

b) 1. Wohin muß er heute fahren? 2. Wir dürfen nicht im Büro telefonieren. 3. Darf ich Sie etwas fragen? 4. Ich darf nicht mit dem Auto fahren. 5. Müssen Sie schon nach Hause gehen? 6. Wir müssen nicht im Hotel wohnen. 7. Er darf es nicht wissen.

c) 1. dem 2. dem 3. der 4. dem 5. dem 6. der 7. der.

d) 1. Die Vorwählnummer für Berlin ist null – drei – eins – eins. 2. Herr Müller wohnt im Hotel Biedermeyer. 3. Fräulein Koch möchte Herrn Manfred Müller sprechen. 4. Doch, Herr Müller ist im Hotel. 5. Nein, er will nicht nach Hamburg fahren. 6. Klaus muß zum Postamt gehen.

Puzzle: *d*arf, *A*pparat, *n*a, *k*ann, *e*in, *f*ragen, *Ü*bungen, *r*auche, *d*reizehn, *e*s, *N*elken, *A*dresse, *n*icht, *R*eise, *u*m, *F*rau. – Danke für den Anruf.

14

a) einunddreißig, achtundneunzig, fünfundsechzig, zweiundvierzig, neunundachtzig, vierunddreißig, dreiundfünfzig, siebenundsiebzig, einundsiebzig, vierundsechzig, sechsundfünfzig, dreiundvierzig, achtundachtzig, vierundneunzig, siebenundsechzig, neunundzwanzig, fünfundachtzig, siebzehn.

b) 1. Wir haben ein Auto gehabt. 2. Er hat Blumen gekauft. 3. Sie hat das Hotel gesucht. 4. Haben Sie viel geraucht? 5. Ich habe um acht gefrühstückt. 6. Er hat mit Frau Bender getanzt. 7. Sie hat den Brief nach Berlin geschickt. 8. Warum hat sie nach Ihnen gefragt? 9. Was haben Sie gesagt? 10. Was habe ich mit dem Brief gemacht? 11. Hat der Wecker laut geklingelt? 12. Wann haben Sie mich geweckt?

c) 1. Klaus schickt das Telegramm an das Parkhotel in Hamburg. 2. Es kostet zwei Mark zehn (DM 2,10). 3. Der Brief nach Berlin kostet dreißig Pfennig (30 Pf.). 4. Er kauft zwanzig Briefmarken. 5. Die Dame mit dem Paket muß zum Schalter drei gehen. 6. Eine Dame hat nach Klaus gefragt.

Puzzle: vier Mark fünfundvierzig (DM 4,45).

15

a) 1. Mein Freund wollte ihm helfen. 2. Er war immer sehr nett zu mir. 3. Wollen Sie mit uns fahren? 4. Wir danken Ihnen für die Auskunft. 5. Sie kennen Fräulein Borkmann? Wie geht es ihr? 6. Ihr Freund ist viel jünger als sie. 7. Fahren Sie bitte noch langsamer! 8. Kommen Sie lieber früher als später. 9. Ich warte auf meinen Freund. 10. Wir wollen auf ihn warten.

b) 1. Man hat uns alles gesagt. 2. Man weiß nicht, wann er kommt. 3. Man hat ihn nicht gefragt. 4. Im Speisewagen darf man rauchen.

c) 1. Nein, Klaus will keine Schuhe kaufen. 2. Er sucht Fräulein Borkmann im Schuhgeschäft (und im Café Heuslinger). 3. Ihr Freund ist ungefähr fünfundvierzig. 4. Sie arbeitet jetzt beim Zahnarzt (bei Doktor Fröbel). (Jetzt arbeitet sie beim Zahnarzt [bei Doktor Fröbel].) 5. Sie hat früher im Schuhgeschäft gearbeitet. (Früher hat sie im Schuhgeschäft gearbeitet.) 6. Herr Menke wartet auch auf Fräulein Borkmann.

Crossword puzzle:

across – down			*across – down*		
2 *and*	2	was	13 *and*	7	keine
4 *and*	1	Damen	14 *and*	9	nur
6 *and*	3	-see	16 *and*	11	ins
8 *and*	8	man	17 *and*	17	vom
10 *and*	10	bei	19 *and*	15	wohin
12 *and*	5	warum	20 *and*	18	mit

16

a) 1. Wollen Sie mit meinem Auto fahren? 2. Ist der Brief von uns(e)rer Mutter? 3. Wir gehen jetzt zu Ihrem Freund. 4. Er fährt zu einer Tagung in Berlin. 5. Sie arbeitet bei einem Zahnarzt. 6. Er hat nach seiner Freundin gefragt. 7. Das dürfen Sie nicht zu einer Dame sagen! 8. Ich habe den Herrn nicht gekannt. 9. Wir haben es schon lange gewußt. 10. Der Briefträger hat mir diesen Brief gebracht. 11. Er hat mich einen Dummkopf genannt.

b) 1. fährt 2. komme 3. gehen 4. fährt 5. kommen.

c) 1. Der Brief für Frl. Koch ist von ihrem Chef (von Herrn Müller). 2. Herr Müller ist am Freitag wieder zurück. 3. Er fährt am Montag nach Hamburg. (Am Montag fährt er nach Hamburg.) 4. Frl. Koch fährt mit ihm. 5. Der Herr möchte zum Rathaus. 6. Nein, er will nicht zu Fuß gehen. (Nein, er will mit dem Auto fahren.) 7. Der Briefträger will ihm den Weg zum Rathaus zeigen.

Quiz: 1. a) Man darf im Nichtraucher nicht rauchen. (Im Nichtraucher darf man nicht rauchen.) b) Man ißt im Speisewagen. (Im Speisewagen ißt man.) c) Der Schaffner will die Fahrkarten sehen. d) Man nennt einen Schnellzug einen D-Zug. 2. Ja, man braucht eine Zuschlagkarte. 3. Nein, man braucht keine Zuschlagkarte. 4. Nein, es hat kein Restaurant. 5. Man geht in den Erfrischungsraum (essen). 6. Man fährt zu einem Parkplatz ... zu einer Parkuhr ... in ein Parkhaus.

17

a) 1. Ich möchte Ihrer Frau danken. 2. Ich muß meinem Freund helfen. 3. Geben Sie dem Taxifahrer mein Gepäck. 4. Ich möchte der Dame ein paar Blumen bringen. 5. Hat er seinem Chef nichts gesagt? 6. Wie geht es Ihrem Mann? 7. Dem Fräulein ist schlecht.

b) 1. Bitte gehen Sie in das (ins) Wartezimmer. 2. Es steht sicher in der Zeitung. 3. Ich warte an dem (am) Postamt auf Sie. 4. Der Mantel liegt in dem (im) Koffer. 5. Schicken Sie ein Telegramm an den Verkehrsverein in Berlin. 6. Ich möchte in dem (im) Restaurant an der Ecke essen. 7. An der Nordsee ist es herrlich. 8. Wollen wir zusammen in die Stadt gehen?

c) 1. Der Film läuft im Kino an der Ecke. 2. Er beginnt um halb neun. 3. Ursula bestellt ein Stück Apfeltorte mit Sahne. 4. Klaus will ein Stück Käsekuchen essen. 5. Ursula will (möchte) im Sommer verreisen (eine Campingfahrt machen).

Puzzle: *B*ier, *i*m, *t*euer, *T*ankwart, *e*lf, *E*inzelzimmer, *i*ns, *n*ach, *s*pät, *T*ee, *Ü*bungen, *C*afé, *K*onditorei, *T*elefon, *O*ber, *r*egnet, *T*asse, *e*ndlich. – Bitte, ein Stück Torte.

18

a) 1. Machen Sie die Motorhaube auf! 2. Füllen Sie das Formular aus! 3. Er möchte Ihre Frau gern kennenlernen. 4. Ich stelle Ihnen die Dame vor. 5. Er ruft seinen Freund an.

b) 1. Wir essen und trinken etwas. 2. Der ADAC-Mann hilft uns gleich. 3. Lesen Sie meinen Brief? 4. Das Adreßbuch liegt auf dem Tisch. 5. Er spricht mit meinem Chef.

c) 1. Wir warten in der Raststätte. 2. Meine Tasche liegt auf dem Stuhl. 3. Sie arbeitet in einem Erfrischungsraum. 4. Auf der Autobahn ist viel Verkehr. 5. Fahren Sie doch auf den Parkplatz!

d) 1. Nein, Herr Müller versteht nicht viel von Autos. 2. Er will das Auto auf den Parkplatz schieben. 3. Ja, die ADAC-Straßenwacht kommt und hilft der Dame. 4. Der Motor läuft nicht. (Das Zündkabel ist los.) 5. Herr Müller geht mit der Dame in eine Raststätte.

Puzzle: Ta*n*kwart, bl*o*nd, Au*t*obahn, Fo*r*mular, Fl*u*ghafen, Ko*f*fer, Bu*s*fahrt, Fr*ä*ulein, Bl*u*menladen, Te*l*efonnummer, St*e*lle. – Notrufsäule.

19

a) 1. Frankfurter 2. Bonner 3. Londoner 4. Berliner 5. Hamburger.

b) 1. Der Zug fährt so schnell wie das Auto. 2. Die Rosen sind so schön wie die Nelken. 3. Der Wecker klingelt so laut wie das Telefon. 4. Die Konditorei ist so gemütlich wie das Café. 5. Diese Torte ist so gut wie in der Konditorei.

c) 1. Ich wollte mit ihnen (ihr) ins Kino gehen. 2. Haben Sie den Hafen mit den Schiffen gesehen? 3. In den Hotels in der Stadt ißt man gut. 4. Gehen Sie mit den Paketen zum Postamt. 5. Ich möchte ihnen (ihr) für ihre Hilfe danken. 6. Er hat den Leuten geholfen.

d) 1. Man nennt die Michaeliskirche den Michel. 2. Herr Müller will in einer Einbahnstraße wenden. (In einer Einbahnstraße will Herr Müller wenden.) 3. Ein (Der) Polizist fragt nach seinem Führerschein. 4. Herr Müller hat eine Verabredung mit Herrn Eckert. 5. Er muß vor neun im Hotel sein. 6. Er hat in einer Raststätte zu Abend gegessen.

Quiz: 1. Hier steht Parkverbot. Hier dürfen Sie *nicht* parken. 2. Das ist ein TEE-Zug. Sie brauchen *eine* Zuschlagkarte. 3. Die Michaeliskirche ist in *Hamburg*. 4. Das Hamburger Rathaus ist *nicht* sehr alt. 5. *Heute* habe ich keine Zeitung gekauft. (Morgen *kaufe* ich keine Zeitung.) 6. Die Zündung ist *nicht* in Ordnung. Das Zündkabel ist los. 7. Im Sommer ist es *warm*. 8. Warum *fahren* Sie nicht mit dem Auto? 9. Ein Liter Benzin kostet achtundfünfzig Pfennig. Fünfzehn Liter kosten *acht Mark siebzig*. 10. Schicken Sie den Brief nach Berlin. Die Postleitzahl ist *eins*.

20

a) 1. Er hat mir von seinen Reisen erzählt. 2. Gehen Sie doch mit den Herren ins Kino. 3. Viele Grüße von meinen Freunden. Es geht ihnen gut. 4. Wie gefallen ihnen die Zimmer? 5. Ich möchte den Damen danken und ihnen Blumen geben. 6. Haben Sie schon nach Ihren Koffern gefragt? 7. In den Konditoreien können Sie Kuchen essen. 8. Man gibt Ihnen gern Auskunft in unseren Reisebüros.

b) 1. Er hat gut geschlafen. 2. Warum haben Sie das Auto überholt? 3. Sein Auto hat an der Ecke gestanden. 4. Die Dame hat mit dem Reisebüro telefoniert. 5. Ich habe die Zeitung gelesen. 6. Wann haben Sie an das Hotel geschrieben? 7. Ich habe zwei Tassen Kaffee getrunken.

c) 1. Ich möchte gern ausgehen. 2. Er will mir seine Frau vorstellen. 3. Wir können geradeaus weiterfahren. 4. Sie wollte auf dem Stadtplan nachsehen. 5. Ich muß das Formular ausfüllen. 6. Dürfen Sie die Flasche aufmachen?

d) 1. Die Hafenrundfahrt kostet (nur) 3 Mark. 2. Das Mädchen mit dem Schal ist Fräulein Koch. 3. Sie sitzt draußen. 4. Sie geht mit zwei Herren (mit Jürgen und Ulrich) abends aus. 5. Sie geht mit den zwei Herren ins „Spanferkel". 6. Ja, man kann dort tanzen (dort kann man tanzen).

Revision Exercises (pages 48, 49)

a) 1. Er macht eine Busfahrt nach Wien. 2. Warum schicken Sie kein Telegramm? 3. Wir frühstücken im Hotel. 4. Es steht alles in der Zeitung. 5. Ich schreibe gleich an das Hotel. 6. Sie bestellt ein Stück Torte mit Sahne. 7. Wo warten Sie auf uns? 8. Wann geben Sie ihm das Paket? 9. Ich wohne bei meinen Freunden. 10. Woher wissen Sie das? 11. Kennen Sie ihren Mann nicht?

b) 1. Der Herr fährt mit ihr zum Flughafen. 2. Es geht ihnen sehr gut. 3. Er hat ihr alles erzählt. 4. Zeigen Sie ihm den Weg! 5. Sie wohnt bei ihr. 6. Er spricht mit ihnen. 7. Sie fährt mit ihm nach Hamburg. 8. Gehen Sie zu ihm. 9. Gefällt ihnen das Programm? 10. Er diktiert ihr einen Brief.

c) 1. Es ist noch Kaffee in der Tasse. 2. Wollen wir in einen Blumenladen gehen? 3. Meine Freundin arbeitet jetzt bei einem Zahnarzt. 4. Sehen Sie die Dame dort an dem (am) Fenster? 5. Ich warte auf den Zug aus Hamburg. 6. Wir wollen in die Stadt fahren. 7. Schicken Sie den Brief an den Verkehrsverein. 8. Mein Auto steht auf dem Parkplatz.

d) 1. fünfunddreißig. 2. achtundneunzig. 3. zweiundfünfzig. 4. zweiundneunzig. 5. einundsiebzig.

Crossword puzzle: across: 1. Abend essen 9. er ist 10. Café 11. Gang 14. Silbe 15. Tegernsee 17. es gibt 19. -fahrer 22. es 23. Straßen 24. in 25. usw. 26. *with 22 down:* wissen Sie es 29. finde 30. *with 3 down:* er läuft nicht 31. heute 32. nur 33. letzte. *down:* 2. bitte 4. elf 5. so 6. regnet es wieder 7. den Speisewagen 8. billig 12. als er 13. er 16. Glas 18. bestellen 20. -rundfahrt 21. der Stuhl 25. um neun 27. -see 28. es tut.

Reference Tables

Pattern of *der/die/das*

hier ist	*der* Mann	hier ist	*die* Dame	hier ist	*das* Mädchen
ich sehe	*den* Mann	ich sehe	*die* Dame	ich sehe	*das* Mädchen
ich helfe	*dem* Mann	ich helfe	*der* Dame	ich helfe	*dem* Mädchen

plural:

hier sind	*die* Männer	hier sind	*die* Damen	hier sind	*die* Mädchen
ich sehe	*die* Männer	ich sehe	*die* Damen	ich sehe	*die* Mädchen
ich helfe	*den* Männern	ich helfe	*den* Damen	ich helfe	*den* Mädchen

dieser follows the same pattern.

Pattern of *ein/eine . . . kein/keine*

hier ist	*ein* Mann / *kein* Mann	hier ist	*eine* Dame / *keine* Dame	hier ist	*ein* Mädchen / *kein* Mädchen
ich sehe	*einen* Mann / *keinen* Mann	ich sehe	*eine* Dame / *keine* Dame	ich sehe	*ein* Mädchen / *kein* Mädchen
ich helfe	*einem* Mann / *keinem* Mann	ich helfe	*einer* Dame / *keiner* Dame	ich helfe	*einem* Mädchen / *keinem* Mädchen

plural:

hier sind	*keine* Männer	hier sind	*keine* Damen	hier sind	*keine* Mädchen
ich sehe	*keine* Männer	ich sehe	*keine* Damen	ich sehe	*keine* Mädchen
ich helfe	*keinen* Männern	ich helfe	*keinen* Damen	ich helfe	*keinen* Mädchen

mein, Ihr, sein, unser, ihr follow the same pattern.

Pattern of *der/er . . . die/sie . . . das/es*

hier ist	*der* Mann / *der* Brief / *er*	hier ist	*die* Dame / *die* Tasche / *sie*	hier ist	*das* Auto / *es* / *das* Mädchen / (*sie*)
ich sehe	*den* Mann / *den* Brief / *ihn*	ich sehe	*die* Dame / *die* Tasche / *sie*	ich sehe	*das* Auto / *es* / *das* Mädchen / (*sie*)
ich helfe	*dem* Mann / *ihm*	ich helfe	*der* Dame / *ihr*	ich helfe	*dem* Mädchen / (*ihr*)

plural:

hier sind	*die* Männer / *die* Briefe / *sie*	hier sind	*die* Damen / *die* Taschen / *sie*	hier sind	*die* Autos / *die* Mädchen / *sie*
ich sehe	*die* Männer / *die* Briefe / *sie*	ich sehe	*die* Damen / *die* Taschen / *sie*	ich sehe	*die* Autos / *die* Mädchen / *sie*
ich helfe	*den* Männern / *ihnen*	ich helfe	*den* Damen / *ihnen*	ich helfe	*den* Mädchen / *ihnen*

Note: *das Fräulein, das Mädchen* are referred to as *sie,* not *es.*

Verbs

Basic Pattern for the present

	with *umlaut*	with vowel change		irregular	
kaufen	fahren	sehen	sprechen	haben	sein
ich kaufe	ich fahre	ich sehe	ich spreche	ich habe	ich bin
er, sie, es kauft	er, sie, es fährt	er, sie, es s*ie*ht	er, sie, es spr*i*cht	er, sie, es *hat*	er, sie, es ist
wir kaufen	wir fahren	wir sehen	wir sprechen	wir haben	wir sind
Sie kaufen	Sie fahren	Sie sehen	Sie sprechen	Sie haben	Sie sind
sie kaufen	sie fahren	sie sehen	sie sprechen	sie haben	sie sind
Commands Kaufen Sie !	Fahren Sie !	Sehen Sie !	Sprechen Sie !	Haben Sie !	Seien Sie !

These verbs follow a slightly different pattern :

dürfen	können	müssen	wollen	wissen
ich darf	ich kann	ich muß	ich will	ich weiß
er, sie, es darf	er, sie, es kann	er, sie, es muß	er, sie, es will	er, sie, es weiß
wir dürfen	wir können	wir müssen	wir wollen	wir wissen
Sie dürfen	Sie können	Sie müssen	Sie wollen	Sie wissen
sie dürfen	sie können	sie müssen	sie wollen	sie wissen

With *dürfen, können, müssen, wollen* the verb saying what you may, can, must or want to do comes at the end of the sentence (e.g. *Ich darf nicht viel trinken. – Er will jetzt kommen.*) The same applies to verbs with *möchte . . . möchten* (e.g. *Ich möchte nicht viel trinken.*)

Basic pattern for the past.

haben + ge– – –t	*haben + ge– – –en*	*haben + – – –t*
kaufen	sehen	bestellen
ich habe gekauft	ich habe gesehen	ich habe bestellt
er, sie, es hat gekauft	er, sie, es hat gesehen	er, sie, es hat bestellt
wir haben gekauft	wir haben gesehen	wir haben bestellt
Sie haben gekauft	Sie haben gesehen	Sie haben bestellt
sie haben gekauft	sie haben gesehen	sie haben bestellt

Verbs with the *ge – – – t* and – – – *t* forms rarely have a vowel or consonant change.

Exceptions which have occurred so far are :

bringen	gebracht	können	gekonnt	nennen	genannt
dürfen	gedurft	müssen	gemußt	wissen	gewußt
kennen	gekannt				

Verbs with the *ge – – – en* form often change a vowel and sometimes a consonant as well.

Those which have occurred so far are:

essen	gegessen	nehmen	genommen	sitzen	gesessen
finden	gefunden	schieben	geschoben	sprechen	gesprochen
helfen	geholfen	schneiden	geschnitten	stehen	gestanden
liegen	gelegen	schreiben	geschrieben	trinken	getrunken
				tun	getan

Verbs that separate

The first part comes at the end of a simple sentence, a question or a command:

auf|machen

Ich mache das Fenster *auf*.
Warum macht sie die Flasche nicht *auf*?
Bitte machen Sie den Koffer *auf!*

aus|gehen

Ich gehe heute abend *aus*.
Wann geht sie morgen *aus*?
Bitte gehen Sie mit uns *aus!*

After *dürfen, können, müssen, wollen* and *möchte*(*n*) they remain joined:

Ich kann die Flasche nicht *aufmachen.*

Ich möchte heute abend gern *ausgehen.*

Pattern of *ich/mich/mir . . . er/ihn/ihm*

ich komme	*er* kommt	*sie* kommt	*es* kommt
er sieht *mich*	er sieht *ihn*	er sieht *sie*	er sieht *es*
er hilft *mir*	er hilft *ihm*	er hilft *ihr*	

wir kommen	*Sie* kommen	*sie* kommen
er sieht *uns*	er sieht *Sie*	er sieht *sie*
er hilft *uns*	er hilft *Ihnen*	er hilft *ihnen*

für . . . mit . . . in

für

After this *der* ⟶ *den, ein* ⟶ *einen:*

für *den* Mann	für die Dame	für das Mädchen
für *einen* Mann	für eine Dame	für ein Mädchen

it is followed by *mich, ihn,* etc.:

für mich . . . für ihn . . . für sie . . . für uns . . . für Sie

mit, von, zu, bei, nach

After these *der/das* ⟶ *dem, ein/eine* ⟶ *einem/einer, die* (pl.) ⟶ *den, keine* (pl.) ⟶ *keinen:*

mit *dem* Mann	mit *der* Dame	mit *dem* Mädchen
mit *den* Männern	mit *den* Damen	mit *den* Mädchen
von *einem* Mann	von *einer* Dame	von *einem* Mädchen
von *keinen* Männern	von *keinen* Damen	von *keinen* Mädchen

they are followed by *mir, ihm,* etc.:

zu mir . . . zu ihm . . . zu ihr . . . zu uns . . . zu Ihnen . . . zu ihnen *in, an, auf*

These follow the pattern of *für* when describing where a thing or a person is moving to:

Er geht in *den* Speisewagen . . .	in die Stadt . . .	in das (ins) Kino
Er geht an *den* Schalter . . .	an die Tankstelle . . .	an das (ans) Fenster
Er will auf *den* Parkplatz . . .	auf die Autobahn . . .	auf das Postamt

When describing where a thing or person is, the pattern is the same as for *mit:*

Er ist in *dem* (im) Speisewagen . . .	in *der* Stadt . . .	in *dem* (im) Postamt
Er steht an *dem* (am) Schalter . . .	an *der* Tankstelle . . .	an *dem* (am) Postamt
Es steht auf *dem* Parkplatz . . .	auf *der* Straße . . .	auf *dem* Brief

Note: these words are marked (+*den*) or (+*dem*) in the glossary.

Word Order

Basic word order in a sentence:

Er	schreibt	jetzt	einen Brief.	
Er	will	jetzt	einen Brief	schreiben.
Er	hat	heute	einen Brief	geschrieben.
Er	ruft	seinen Freund	um elf	an.

But if the sentence begins with something else – often for emphasis – the order is as follows:

Jetzt	schreibt	er	einen Brief.	
Jetzt	will	er	einen Brief	schreiben.
Heute	hat	er	einen Brief	geschrieben.
Um elf	ruft	er	seinen Freund	an.

und, aber, oder do not affect the word order (e.g. . . . aber er schreibt einen Brief).

In questions

	Schreibt	er	jetzt einen Brief?	
Warum	will	er	jetzt einen Brief	schreiben?

nicht

at the end of a simple sentence, question or command:

Er schreibt den Brief jetzt *nicht*.
Warum kommen Sie denn *nicht*?
Fragen Sie mich *nicht*!

before the word saying what you may, can, must or want to do, or have done:

Er will den Brief jetzt *nicht* schreiben.
Er hat den Brief *nicht* geschrieben.

before the first part of a verb that separates:

Er ruft seinen Freund *nicht* an.

before a particular word you want to negate:

Er schreibt den Brief *nicht gleich*.
Warum haben Sie das *nicht früher* gesagt?
Schreiben Sie den Brief *nicht im Büro*!

Note that *nicht* never comes before the verb form.

Be careful to distinguish between *nicht*='not' (e.g. Er schreibt den Brief *nicht*.) and *kein/keine*='not a, not any, no' (e.g. Er schreibt *keinen* Brief.)

Glossary

A

der Aal(-e) *eel*
ab|biegen *to turn off*
der Abend(-e) *evening*
abends *in the evening(s)*
aber *but*
der Absender(-) *sender's address*
ach! *oh!, oh dear!*
acht *eight*
achtundfünfzig *fifty-eight*
achtzehn *eighteen*

der ADAC = Allgemeiner Deutscher Automobil-Club *name of German motoring organisation*
das Adreßbuch(⸚er) *address book*
die Adresse(-n) *address*
ägyptisch *Egyptian*
alle *finished, all used up*
allein *alone*
alles *everything, all*
allgemein *general*
die Alpen (*pl.*) *Alps*
als *than*
alt(ä) *old*
am *at the*
amüsant *amusing*
an (+den *or* dem) *to, at*
an|fangen (fängt an) *to start*
die Angst(⸚e) *fear*
der Anruf(-e) *telephone call*
an|rufen *to ring up*
ans *to the*
die Antwort(-en) *answer, reply*
antworten (geantwortet) *to answer, reply*
die Apfelsine(-n) *orange*
die Apfeltorte(-n) *apple tart*
der Apparat(-e) *telephone, apparatus*
der Appetit *appetite*
arbeiten (gearbeitet) *to work*
auch *also, too*
auf (+ den *or* dem) *on, onto*
auf|machen *to open*
aus *from (before place names)*
aus|füllen *to fill in*
aus|gehen *to go out*
die Auskunft(⸚e) *information*
der Ausländer(-) *foreigner*
aus|sehen (sieht aus) *to look (nice, serious, etc.)*
der Ausweis(-e) *identity card*
das Auto(-s) *car*
die Autobahn(-en) *motorway*

B

das Bad(⸚er) *bath; bathroom; spa*
der Bahnhof(⸚e) *station*
die Bahnsteigkarte(-n) *platform ticket*
bald *soon*
die Batterie(-n) *battery*
bay(e)risch *Bavarian*
beginnen *to begin*
bei (+ dem) *at (the place of), next to, by*
beim *at the, next to the, by the*
das Beispiel(-e) *example*
zum Beispiel (z.B.) *for example (e.g.)*
bekannt *well-known*
bekommen *to get, obtain*
das Benzin *petrol*
bequem *comfortable*
besonders *especially*
besser *better*
beste *best*
bestellen (bestellt) *to order*
der Besuch(-e) *visit, visitor(s)*
das Bier *beer*
das Bild(-er) *picture, photograph*
billig *cheap(ly)*
ich bin *I am*
bis *to, till, until*
ein bißchen *a little, a bit*
bitte *please*
bleiben *to remain, stay*
blond fair-haired
die Blume(-n) *flower*
der Blumenladen(⸚) *flower shop*
der Bord(-e) *board (of ship)*
an Bord *on board*
die Bowle(-n) *type of cold punch (pronounced* 'Bohle')
der Braten(-) *roast meat, joint*
die Bratkartoffel(-n) *sauté potato*
brauchen (gebraucht) *to need*
der Brief(-e) *letter*
der Briefkasten (⸚ *or* –) *letter box*

die Briefmarke(-n) *stamp*
der Briefträger(-) *postman*
die Brille(-n) *glasses*
bringen (gebracht) *to bring*
das Büfett(-s) *counter (in café, etc.)*
(*pronounced* 'Büffee')
die Bundespost *Federal postal service*
das Büro(-s) *office*
der Bus(-se) *bus, coach*
die Busfahrt(-en) *bus tour*

C

das Café(-s) *café*
die Campingfahrt(-en) *camping trip*
der Chef(-s) *boss*
der Club(-s) *club*

D

da *there, here, then*
die Dame(-n) *lady*
die Damenabteilung(-en) *ladies' department*
der Dank *thanks*
danke *thank you*
danken (gedankt) (+ dem) *to thank*
dann *then, after that*
ich darf *I may, am allowed to*
das *the; that*
denn *then*
der *the*
deutlich *clear(ly)*
dick *fat, thick*
die *the*
der Dienstag(-e) *Tuesday*
dieser *this, that*
diktieren (diktiert) *to dictate*
der Direktor(-en) *director, manager*
doch *but, yes, after all*
der Doktor(-en) *doctor, Dr*
der Dom(-e) *cathedral*
der Donnerstag(-e) *Thursday*
das Donnerwetter *thunderstorm*
zum Donnerwetter! *confound it!*
der Doppelkorn *corn brandy*
das Doppelzimmer(-) *double room*
dort *there*
draußen *outside*
drei *three*
dreißig *thirty*
dreiunddreißig *thirty-three*
dreiundfünfzig *fifty-three*
dreizehn *thirteen*
drin *in it*
der Dummkopf(¨e) *silly fool*
dürfen (darf, gedurft) *to be allowed to, may*
der D-Zug(¨e) *fast train*

E

die Ecke(-n) *corner*
echt *genuine(ly)*
der Eilzug(¨e) *fairly fast train*
ein *a, an, one*
die Einbahnstraße(-n) *one-way street*
die Einladung(-en) *invitation*
einmal *once, for once*
eins *one*
einunddreißig *thirty-one*
einundsiebzig *seventy-one*
einundzwanzig *twenty-one*
ein|werfen (wirft ein) *to put in (coins)*
das Einzelzimmer(-) *single room*
elf *eleven*
der Empfänger(-) *addressee, recipient*
die Empfangsdame(-n) *receptionist*
das Ende(-n) *end*
zu Ende *at an end, over*
endlich *at last*
entschuldigen (entschuldigt) *to excuse*
er *he, it*
die Erbse(-n) *pea*
die Erdbeere(-n) *strawberry*
der Erfrischungsraum(¨e) *refreshment room*
erzählen (erzählt) *to tell (a story)*
es *it*
essen (ißt, gegessen) *to eat*
etwas *something, anything, somewhat*

F

fahren (fährt) *to drive, travel, go*
die Fahrkarte(-n) *ticket (bus, train, tram)*
die Fahrt(-en) *trip*
falsch *wrong, the wrong way*
die Familie(-n) *family*
(*pronounced* 'Familje')
der Fehler(-) *mistake*
das Fenster(-) *window*
der Fensterplatz(¨e) *window seat*
das Ferngespräch(-e) *long-distance call*
der Fernschnellzug(¨e) *express train*
der Fernsprecher(-) *telephone (box)*
fertig *finished, ready*
der Film(-e) *film*
finden (gefunden) *to find*
der Fischmarkt(¨e) *fish market*
die Flasche(-n) *bottle*
fliegen *to fly*

der Florentiner(-) *florentine*
der Flug(¨e) *flight*
der Flughafen(¨) *airport*
der Flugschein(-e) *air ticket*
das Flugzeug(-e) *plane, aircraft*
die Forelle(-n) *trout*
das Formular(-e) *form*
der Frachter(-) *freighter*
die Frage(-n) *question*
fragen (gefragt) *to ask*
der Frankenwein(-e) *Franconian wine*
die Frau(-en) *Mrs, wife, woman*
das Fräulein(-) *Miss, young lady*
frei *free, unoccupied*
der Freitag(-e) *Friday*
fremd *strange, alien*
der Fremdenführer(-) *guide*
der Freund(-e) *friend, boy friend*
die Freundin(-nen) (*woman*) *friend, girl friend*
freundlich *kind, friendly*
fröhlich *happy, merry*
früh *early*
das Frühstück *breakfast*
frühstücken (gefrühstückt) *to have breakfast*
der Führerschein(-e) *driving licence*
fünf *five*
fünfundsiebzig *seventy-five*
fünfundvierzig *forty-five*
fünfundzwanzig *twenty-five*
fünfzehn *fifteen*
fünfzig *fifty*
für (+ den) *for*
der Fuß(¨e) *foot*
der F-Zug(¨e) *express train*

G

der Gang(¨e) *corridor*
ganz *quite, entire(ly)*
der Garten(¨) *garden*
das Gas(-e) *gas*
die Gasse(-n) *lane, alley*
geben (gibt, gegeben) *to give*
gebraten *fried*
das Gedeck(-e) *set meal*
gefallen (gefällt) (+ dem) *to like, please*
gehen *to go, walk*
gemütlich *cosy*
genug *enough*
das Gepäck (*no pl.*) *luggage*
geradeaus *straight on*
gern *gladly, willingly*
geschäftlich *on business*
gestern *yesterday*
es gibt *there is, there are*
das Glas(¨er) *glass*
gleich *straightaway, at once*
das Glockenspiel(-e) *chimes, carillon*
das Glück *luck, happiness*
der Glühwein *punch*
der Gott(¨er) *god*
grün *green*
der Gruß(¨e) *greeting*
grüßen (gegrüßt) *to greet*
die Grütze *groats*
gut *good, fine, well*
die Güte *goodness*

H

haben (hat, gehabt) *to have*
der Hafen(¨) *port, harbour*
die Hafenrundfahrt(-en) *trip round the harbour*
halb *half*
hallo *hello*
halten (hält, gehalten) *to stop*
die Haltestelle(-n) *stop (for tram, bus, etc.)*
der Hase(-n) *hare*
hat *has*
das Haus(¨er) *house*
nach Hause *home(wards)*
heißen (geheißen) *to be called*
helfen (hilft, geholfen) (+ dem) *to help*
herein *in, into; come in!*
der Herr(-en) den/dem Herrn) *Mr, gentleman*
die Herrenabteilung(-en) *men's department*
herrlich *lovely, wonderful*
herzlich *sincere(ly)*
heute *today*
heute abend *tonight, this evening*
hier *here, this is . . . speaking*
die Hilfe *help*
der Himbeergeist *raspberry brandy*
hinten *at the back*
das Hofbräuhaus *name of Munich beer hall*
hören (gehört) *to hear, listen, can hear*
der Hörer(-) *listener*
die Hörerin(-nen) (*woman*) *listener*
das Hotel(-s) *hotel*
das Hotel garni *bed-and-breakfast hotel*
hübsch *pretty, nice*
das Huhn(¨er) *chicken*
das Hühnerfrikassee *chicken fricassee*

hundert *hundred*
der Hunger *hunger*

I

ich *I*
ihm *to him*
ihn *him, it*
ihnen *to them*
Ihnen *to you*
ihr *her; to her; their*
Ihr *your*
im *in the, at a*
immer *always*
in (+ den *or* dem) *in, into*
ins *into the*
interessạnt *interesting*
ist *is*

J

ja *yes; but*
jetzt *now*
jung (ü) *young*

K

der Kaffee *coffee*
der Kai(-s) *quay*
das Kalb(¨er) *calf, veal*
die Kalbshaxe(-n) *knuckle of veal*
kalt (ä) *cold*
ich kann *I can, am able to*
das Kännchen(-) *small pot*
kapụtt *ruined, broken down*
die Kartọffel(-n) *potato*
der Käsekuchen(-) *cheese cake*
kaufen (gekạuft) *to buy*
kein *no, not a(n), not any*
kennen (gekạnnt) *to know, be acquainted with*
kennen|lernen *to meet, get to know*
der/das Kilomẹter(-) *kilometre*
das Kino(-s) *cinema*
die Kirche(-n) *church*
die Kirsche(-n) *cherry*
die Kirschtorte(-n) *cherry gateau*
das Kirschwasser *cherry brandy*
klingeln (geklịngelt) *to ring*
der Knödel(-) *dumpling*
der Koffer(-) *suitcase*
der Kofferaum(¨e) *boot*
Köln *Cologne*
kommen *to come*
die Konditorẹi(-en) *pastry shop, confectioner's*
die Kongrẹßhalle (-n) *conference hall*
können (kann, gekọnnt) *to be able to*
der Kopf(¨e) *head*
der Korn *corn brandy*
kosten (gekọstet) *to cost*
krank *ill, sick*
das Kreuzworträtsel(-) *crossword puzzle*
der Kuchen(-) *cake*
der Kunde(-n) *customer, client*

L

lang(e) (ä) *long, for a long time*
langsam *slow(ly)*
lassen (läßt, gelạssen) *to leave, let*
laufen (läuft) *to run, go*
laut *loud(ly)*
leid tun (leid getạn) *to be sorry*
lesen (liest, gelẹsen) *to read*
letzte *last*
die Leute(*pl.*) *people*
lieb *dear*
lieber *rather*
das Lied(-er) *song*
liegen (gelẹgen) *to lie*
links *left, on the left*
der/das Liter(-) *litre*
los *loose; going on*

M

machen (gemạcht) *to make, do*
der Mai *May*
das Mädchen(-) *young girl*
mal *just, once, for once*
man *one, you, they*
der Mann(¨er) *man, husband*
der Mantel(¨) *coat*
die Mark (*no pl.*) *mark (German currency)*
der Marktplatz(¨e) *market place*
die Marzipạntorte(-n) *marzipan tart*
der Matrọse(-n) *sailor*
mehr *more*
mein *my*
mich *me*
mir *to me*
mit (+ dem) *with*
der Mittwoch(-e) *Wednesday*
ich möchte *I should like*
Sie möchten *you would like*
modẹrn *modern*
der Mohrenkopf(¨e) *chocolate meringue*
der Momẹnt(-e) *moment*
der Montag(-e) *Monday*
morgen *tomorrow*

der Morgen(-) *morning*
der Motor(-en) *engine, motor*
die Motorhaube(-n) *bonnet*
müde *tired*
München *Munich*
Münchner *of Munich*
das Museum(-een) *museum*
die Musik *music*
ich muß *I have to, must*
müssen (muß, gemußt) *to have to, must*
die Mutter(¨) *mother*

N

na! *well, now then*
nach (+ dem) *to (before place names); after; past (with time)*
nach|sehen (sieht nach) *to look up, check*
nächste *next*
der Nächste(-n) *next person*
die Nacht(¨e) *night*
nachts *at night*
natürlich *of course, naturally*
nehmen (nimmt, genommen) *to take*
nein *no*
die Nelke(-n) *carnation*
nennen (genannt) *to call*
nervös *nervous*
nett *nice, kind*
neun *nine*
neunzehn *nineteen*
neunzig *ninety*
nicht *not*
nicht einmal *not even*
nicht mehr *no (any) longer, no (any) more*
nicht wahr? *isn't that so?*
der Nichtraucher(-) *non-smoker*
nichts *nothing*
noch *still, yet, more*
noch ein *another*
noch einmal *once more*
noch nicht *not yet*
die Nordsee *North Sea*
normal *normal, regular*
nötig *necessary*
die Notrufsäule(-n) *emergency telephone*
der November *November*
null *'O', zero*
die Nummer(-n) *number*
nur *only*

O

der Ober(-) *waiter*
das Obst *fruit*
oder *or*
oft *often*
ohne *without*
das Öl *oil*
der Ölstand *oil level*
die Ordnung *order, tidiness*
das Ortsgespräch(-e) *local call*
die Osterglocke(-n) *daffodil*
die Ostern (*pl.*) Easter
Österreich *Austria*

P

das Paar(-e) *pair, couple*
ein paar *a few*
das Paket(-e) *parcel*
die Panne(-n) *breakdown (of car)*
parken (geparkt) *to park*
das Parkhaus(¨er) *multi-storey car park*
der Parkplatz(¨e) *car park*
die Parkuhr(-en) *parking meter*
das Parkverbot *no parking*
der Paß(¨sse) *passport*
passieren *to happen*
der Personalausweis(-e) *identity card*
der Personenzug(¨e) *slow train*
der Pfeffer *pepper*
der Pfennig(-e) *penny*
der Pfirsich(-e) *peach*
der Platz(¨e) *seat, room*
der Polizist(-en) *policeman*
die Post (*no pl.*) *post, mail*
das Postamt(¨er) *post office*
die Postleitzahl(-en) *postal code number*
das Postwertzeichen(-) *stamp*
der Professor(-en) *professor*
das Programm(-e) *programme*
prüfen (geprüft) *to check, test*
pünktlich *punctual(ly)*

R

die Raststätte(-n) *motorway restaurant or hotel*
das Rathaus(¨er) *town hall*
das Rätsel(-) *puzzle*
der Ratskeller(-) *town hall (basement) restaurant*
rauchen (geraucht) *to smoke*
recht *right, correct*
rechts *right, on the right*
die Redewendung(-en) *expression, idiom*
regnen (geregnet) *to rain*
der Reifendruck *tyre pressure*

der Reis *rice*
die Reise(-n) *journey, trip*
das Reisebüro(-s) *travel agency*
der Reiseleiter(-) *courier, guide*
der Reisewecker(-) *travelling clock*
reserviert *reserved, booked*
das Restaurant(-s) *restaurant (pronounced the French way)*
das Rezept(-e) *recipe, prescription*
richtig *(quite) right, correct(ly)*
die Rose(-n) *rose*
rot (ö) *red*
das Rotkraut *red cabbage*
die Rundfahrt(-en) *round trip, circular tour*

S

sagen (gesagt) *to say, tell*
die Sahne *cream*
der Salat(-e) *salad, lettuce*
das Salz *salt*
der Samstag(-e) *Saturday*
die Schachtel(-n) *packet, box*
schade! *a pity!*
der Schaffner(-) *ticket collector, conductor*
der Schal(-s) *scarf*
der Schalter(-) *desk, counter*
der Schein(-e) *(bank)note*
schicken (geschickt) *to send*
schieben (geschoben) *to push*
das Schiff(-e) *ship*
die Schiffermütze(-n) *sailor's cap*
das Schild(-er) *(road) sign*
der Schirm(-e) *umbrella*
schlafen (schläft, geschlafen) *to sleep*
schlank *slim*
schlecht *bad(ly)*
der Schlitten(-) *sledge, sleigh*
der Schlittschuh(-e) *skate*
Schlittschuh laufen (läuft Schlittschuh) *to skate*
das Schloß(¨sser) *castle*
der Schlüssel(-) *key*
der Schnaps(¨e) *(general name for spirits)*
der Schnee (*no pl.*) *snow*
der Schneemann(¨er) *snowman*
schneien (geschneit) *to snow*
schneiden (geschnitten) *to cut*
schnell *fast, quick(ly)*
der Schnellhafen(¨) *port with a quick turn round*
der Schnellzug(¨e) *fast train*
das Schnitzel(-) *escalope*
der Schnurrbart(¨e) *moustache*

die Schokolade *chocolate*
schon *already*
schön *nice, beautiful(ly), fine*
schrecklich *awful(ly), terrible, terribly*
schreiben (geschrieben) *to write*
der Schuh(-e) *shoe*
das Schuhgeschäft(-e) *shoe shop*
schuß fahren (fährt schuß) *to ski straight downhill*
der Schwarzwald *Black Forest*
Schwarzwälder *from the Black Forest*
das Schwein(-e) *pig, pork*
der Schweinebraten(-) *roast pork*
sechs *six*
sechzehn *sixteen*
sechzig *sixty*
der See(-n) *lake*
sehen (sieht, gesehen) *to see, look, can see*
sehr *very*
sein (ist, war) *to be*
sein *his, its*
die Seite(-n) *page*
die Sekretärin(-nen) *secretary*
der Sekt *German champagne*
senkrecht *down, vertical*
sicher *sure(ly), certain(ly)*
sie *she, her, it; they, them*
Sie *you*
sieben *seven*
siebzehn *seventeen*
siebzig *seventy*
die Silbe(-n) *syllable*
das Silbenrätsel(-) *syllable puzzle*
sind *are*
sitzen (gesessen) *to sit*
der Ski(-er) (*pronounced* 'Schi') *ski*
Ski fahren (fährt Ski) *to ski*
der Skifahrer(-) *skier*
die Skistunde(-n) *skiing lesson*
so *so, such; now then, I see, really*
der Sommer(-) *summer*
der Sonnabend(-e) *Saturday*
die Sonne(-n) *sun*
die Sonnenbrille(-n) *pair of sun glasses*
das Sonnenöl *sun tan lotion*
der Sonntag(-e) *Sunday*
sonst *besides, else*
die Soße(-n) (*often spelt* 'Sauce') *sauce*
das Spanferkel(-) *sucking pig*
spät *late*
die Speisekarte(-n) *menu*
der Speisewagen(-) *restaurant car*

die Spezialitạ̈t(-en) *speciality*

sprechen (spricht, gesprọchen) *to talk to, speak*

die Sprechstunde(-n) *surgery hours*

die Sprechzeit *speaking time*

springen (gesprụngen) *to jump*

die Stadt(¨e) *town, city*

die Stadtmitte *town centre*

der Stadtplan(¨e) *town map*

stehen (gestạnden) *to stand*

der Steinhäger *type of gin*

die Stelle(-n) *job, position*

der Stiefel(-) *boot*

stimmen (gestịmmt) *to be correct*

die Straße(-n) *street, road*

die Straßenwacht *road patrol*

der Streuselkuchen(-) *crumble cake*

das Stück(-e) *piece, bit*

der Studẹnt(-en) *student*

der Stuhl(¨e) *chair*

die Stunde(-n) *hour*

suchen (gesụcht) *to look for*

super *super (grade)*

die Suppe(-n) *soup*

die Szene(-n) *scene*

T

der Tag(-e) *day*

die Tagung(-en) *meeting, conference*

die Tankstelle(-n) *service station*

der Tankwart(-e) *petrol pump attendant*

tanzen (getạnzt) *to dance*

die Tasche(-n) *bag*

die Tasse(-n) *cup*

das Taxi(-s) *taxi*

der Taxifahrer(-) *taxi driver*

der Tee *tea*

der TEE-Zug(¨e) *Trans-Europe-Express*

das Telefọn(-e) *telephone*

telefonịeren (telefonịert) *to telephone, ring up*

die Telefọnnummer(-n) *telephone number*

das Telegrạmm(-e) *telegram*

der Teller(-) *plate*

teuer *expensive*

der Text(-e) *text*

das Ticket(-s) *(air) ticket*

der Tisch(-e) *table*

die Tomạte(-n) *tomato*

die Tomạtensuppe(-n) *tomato soup*

die Torte(-n) *tart, flan, gateau*

tragen (trägt, getrạgen) *to wear, carry*

trinken (getrụnken) *to drink*

das Trinkgeld(-er) *tip*

das Trockendock(-s) *dry dock*

tun (getạn) *to do, put*

typisch *typical(ly)*

U

überhọlen (überhọlt) *to overtake*

die Übung(-en) *exercise*

die Uhr(-en) *watch, clock; time*

um *at*

und *and*

ungefähr *about, approximately*

uns *us, to us*

unser *our*

V

die Verạbredung(-en) *appointment*

verbịnden *to connect*

der Vergạser(-) *carburettor*

das Vergnügen *pleasure, fun*

der Verkäufer(-) *shop assistant, salesman*

die Verkạ̈uferin(-nen) *sales girl, shop assistant*

der Verkẹhr (*no pl.*) *traffic*

der Verkẹhrsverein(-e) *tourist office*

verlịeren *to lose*

verrẹisen *to go away, go on a journey*

die Verspạ̈tung *delay, lateness*

verstẹhen *to understand*

der Vertẹiler(-) *distributor*

viel *much, a lot of*

viele *many, a lot of*

viellẹicht *perhaps*

vier *four*

das Viertel(-) *quarter*

vierzehn *fourteen*

vierzig *forty*

voll|tanken *to fill the tank*

vom *from the, of the, about the*

von (+ dem) *from, of, about*

vor *before, to (with time)*

der Vorschlag(¨e) *proposal, suggestion*

vorsichtig *careful(ly)*

vor|stellen *to introduce*

die Vorwählnummer(-n) *dialling code*

W

waagerecht *across, horizontal*

der Wachtmeister(-) *police constable*

wahr *true*

wann *when*

ich war *I was, have been*

Sie waren *you were, have been*
das Warenhaus(¨er) *department store*
warm (ä) *warm*
warten (gewartet) *to wait*
das Wartezimmer(-) *waiting room*
warum *why*
was *what*
wecken (geweckt) *to wake*
der Wecker(-) *alarm clock*
der Weg(-e) *way*
der Wein(-e) *wine*
der Weinbrand *German brandy*
ich weiß *I know*
der Weißwein *white wine*
weit *far*
weiter|fahren (fährt weiter) *to drive on, continue*
die Weltreise(-n) *trip round the world*
wem *to whom*
wen *whom*
wenden (gewendet) *to turn round, make U-turn*
wer *who*
die Werft(-en) *shipyard*
wichtig *important*
wie *how, as*
wieder *again*
wiederholen (wiederholt) *to repeat*
auf Wiederhören *goodbye (on radio or telephone)*
das Wiedersehen *meeting, reunion*
auf Wiedersehen *goodbye*
Wien *Vienna*
Wiener *Viennese*
wieviel(e) *how much, how many*
ich will *I want (to)*
winken (gewinkt) *to wave*
der Wintersport *winter sports*
wir *we*
wissen (weiß, gewußt) *to know*
der Witz(-e) *joke*
wo *where*
die Woche(-n) *week*
woher *where from*
wohin *where to*
das Wohl (*no pl.*) *well-being, welfare*
zum Wohl! *cheers!*
wohnen (gewohnt) *to stay, live*
wollen (will, gewollt) *to want (to)*
wollte(n) *wanted (to)*
das Wort(¨er) *word*
wünschen (gewünscht) *to wish*

Z

zahlen (gezahlt) *to pay*
der Zahnarzt(¨e) *dentist*
die Zahnschmerzen (*pl.*) *toothache*
zehn *ten*
das Zeichen(-) *sign*
zeigen (gezeigt) *to show*
die Zeit(-en) *time*
die Zeitung(-en) *newspaper*
der Zettel(-) *chit*
ziehen (gezogen) *to pull*
es zieht *it is draughty, there is a draught*
die Zigarette(-n) *cigarette*
das Zimmer(-) *room*
die Zitrone(-n) *lemon*
der Zitronensaft *lemon juice*
zu *too*
zu (+ dem) *to; at*
der Zucker *sugar*
der Zug(¨e) *train*
zum *to the*
das Zündkabel(-) *ignition cable*
die Zündkerze(-n) *sparking plug*
die Zündung *ignition*
zur *to the*
zurück *back*
zurück|kommen *to come back*
zusammen *together*
der Zuschlag(¨e) *supplement*
die Zuschlagkarte(-n) *supplementary ticket*
zuviel *too much*
zwanzig *twenty*
der Zwanzigmarkschein(-e) *twenty-mark note*
zwei *two*
zweiundzwanzig *twenty-two*
das Zwetschgenwasser *plum brandy*
zwo = zwei *two (used on telephone)*
zwölf *twelve*

First published 1968
Reprinted 1970, 1971 (three times), 1972, 1973 (four times), 1974.

Published by the British Broadcasting Corporation
35 Marylebone High Street, London W1M 4AA
Printed in England by Flarepath Printers Ltd.
Watling Street, Colney Street, St Albans, Herts.
ISBN : 0 563 08409 X